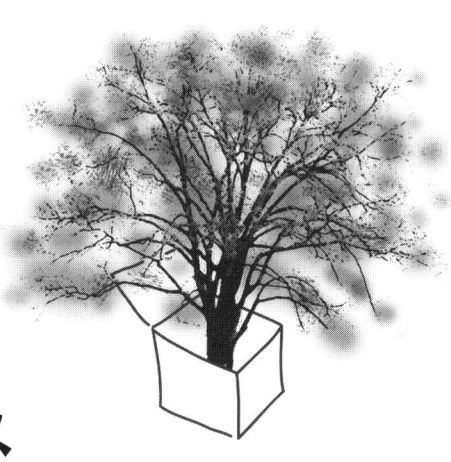

エッセンス
学校教育相談心理学

石川正一郎 編著
藤井　泰

北大路書房

はじめに

　いじめ，不登校，非行といった学校における子どもたちの深刻な状況への対応に，教師たちが苦慮することも少なくない。教職を志す学生たちは，遠からずそういう現場に立つことになる。その点を見据えて，それらの学生のために，教育相談の基礎的素養を身につけてもらうことを狙いとして本書を執筆した。その際以下のような点に配慮した。

　基本を重視した

　教育相談において取り上げられる基本的な項目やそれらの知識・技法を網羅的に取り上げた。それによって教育相談の問題がどこにあるのかを明確にし，実践的な対応の仕方を身につける道筋を示したつもりである。また，さまざまな教育相談技法に関してそれぞれ参考文献をあげ，そこから発展させていけるように工夫した。

　ただし，基本であるから簡単な記述にとどめているのではなく，いじめや非行といった教育相談で対応が困難とされがちな問題については，掘り下げて述べている。

　発達的観点を重視した

　近時の教育相談は開発的，予防的側面を重視するようになってきている。それを意識して，単なる心理療法の理論の紹介にとどまらず，発達的観点に立った視点を随所に生かそうと努めた。

　実践を重視した

　効果的な教育相談のためには，理論と実践の有機的な結合が大切である。そのために，いたずらに表層的な知識を増やすことよりも，教育相談における実践力の増進に役立つことを意図した。

　開発的，予防的教育相談が主流になりつつあるとはいえ，現に問題を抱えている児童生徒に効果的な対処ができないのでは教育相談の鼎の軽重が問われる。そのためには，教師自身が教育相談的手法を自分の内部で統合していく必要がある。そのような方向性を意識してもらえるように，随所に教育相談の実践上

はじめに

の工夫や視点を入れ込むようにした。

現職教師の協力を得た

学生が学校での実際の教育相談活動について知る機会は少ない。そのため現場の第一線で活躍している教師やスクールカウンセラーの経験や知見を随所に盛り込んだものとしている。したがって，本書は初心者のみならず，ベテランの教師にも役立つ内容となっていると思う。教育相談の知識・技法の再整理や現場指導の手引きとして活用してもらえればありがたい。

教師という立場を大切にした

教育相談は教師がカウンセラーや心理療法家になるためのものではない。教育の専門家としての教育実践力で生徒を支援し育てていくためのものである。問われるのは教師力である。心理臨床的な成果は，その方向で取り入れてこそ意味がある。そういう視点で本書を読んでいただき，何がしか参考になる点があれば，筆者一同にとってこの上ない喜びである。

最後に，筆者に学校トラブルサポート，不登校支援，いじめ対策等への参加にかかわる機会をつくってくださった愛媛県教育委員会，松山市，今治市，新居浜市，西条市，四国中央市，大洲市，宇和島市，松前町の各教育委員会や適応指導教室の先生方に感謝申し上げる。また今回執筆の機会を与えていただいた安田女子大学の中山巌教授，ならびに北大路書房の北川芳美氏にはお世話になった。厚く感謝するしだいである。なお，本書は松山大学から教科書出版助成をいただいた。ここに記して感謝の意を表す。

2010年3月

編者を代表して　石川　正一郎

目 次

はじめに　i

第1部　教育相談とは何か……………………………………… 1

第1章　教育相談とは……………………………………… 2
1　教育相談とは　2
2　生徒指導と教育相談の目標と課題　3
3　学校における教育相談の基本姿勢　4
4　教育相談の歴史　5
5　生徒指導と教育相談との関係　6
6　生徒指導と教育相談との統合　8
7　おわりに　10
　　Column①　キャリア教育　12

第2章　来談者中心カウンセリングとカウンセリング・マインド …… 13
1　来談者中心カウンセリングとは　13
2　パーソナリティ変化の必要にして十分な条件　15
3　カウンセリング・マインドとは　18
4　カウンセリング・マインドの具体的説明　19
5　おわりに　21
　　Column②　カウンセリングと心理療法　22

第3章　開発的カウンセリング…………………………… 23
1　開発的カウンセリングとは　23
2　構成的グループ・エンカウンター　24
3　アサーション・トレーニング　27
4　ソーシャル・スキル・トレーニング　29
5　偏愛マップ　30

目次

第4章　教育相談に役立つさまざまな心理療法 …………… 32

1. 精神分析　32
2. ユングのタイプ論　33
3. 交流分析　35
4. 行動療法　36
5. 自律訓練法　37
6. 論理行動療法（論理療法）　38
7. 認知行動療法（認知療法）　39
8. 家族療法　40
9. ブリーフ・セラピー（ブリーフ・カウンセリング）　41
10. 箱庭療法　42

第2部　教育相談の理論 …………………………………… 47

第5章　パーソナリティ …………………………………… 48

1. パーソナリティという概念　48
2. 心理学におけるパーソナリティ理論の歴史―類型論と特性論　49
3. 近年のパーソナリティ研究の動向　53

Column③　学校のなかの人権　56

第6章　発達と教育相談 …………………………………… 57

1. 発達とは　57
2. 発達をもたらすもの　58
3. 発達段階　60

Column④　青年期の面接　68

第7章　発達障害と教育相談 ……………………………… 69

1. 発達障害とは　69
2. 特別支援教育　71
3. 発達障害に関する教育相談の要点　72
4. いろいろな発達障害　74

5　おわりに　77

第8章　心の問題の種類と教育相談 ……………………… 79
　　　1　精神疾患の状態像診断　79
　　　2　心の問題の種類　80
　　　3　児童生徒の心の問題への対応　88
　　　　Column⑤　児童虐待　89

第9章　心理テストとその利用 …………………………… 90
　　　1　心理テストについて　90
　　　2　知能テスト　92
　　　3　質問紙法　93
　　　4　投影法　96
　　　5　作業検査法　98
　　　6　Q-U　99
　　　7　おわりに　100

第10章　教育相談と事例研究 ……………………………… 101
　　　1　事例研究の意義　101
　　　2　さまざまな事例研究法　102
　　　3　一般的な事例研究の資料作成上の留意点　103
　　　4　事例の見方のヒント　106
　　　5　おわりに　109

第3部　教育相談の実際 …………………………………………… 111

第11章　不登校と教育相談 ………………………………… 112
　　　1　不登校についての理解　112
　　　2　不登校生徒への対応　115
　　　3　不登校の経過によるかかわりと支援　118
　　　4　他の支援と連携した学校環境づくり　120

●●● 目次

  5 小1プロブレムと中1ギャップ 122
  6 おわりに 124
    Column⑥ 発達の連続線上にある一連の問題 125

第12章 非行と教育相談 ……………………………………… 126

  1 非行とは 126
  2 少年非行の動向 127
  3 非行原因論 128
  4 家庭と非行 130
  5 中退と非行 130
  6 交友関係と非行 131
  7 非行の把握法 132
  8 非行専門家の視点 134
  9 非行の面接法 135
  10 非行面接の留意点 137
    Column⑦ 少年事件の取り扱い 139

第13章 学級崩壊と教育相談 ……………………………………… 140

  1 学級崩壊の定義と実態 140
  2 学級崩壊の背景 142
  3 学級崩壊を起こさないための対策 144
  4 事例に即した学級崩壊の対応策 146
  5 おわりに 147

第14章 いじめと教育相談 ……………………………………… 149

  1 いじめについて 149
  2 いじめの予防 154
  3 いじめの教育相談 156
  4 保護者との教育相談 161
  5 周囲の子どもへの教育相談 162

第15章　保護者に対する支援 ……………………… 163

　　1　はじめに　163
　　2　保護者の実態　163
　　3　家族支援のさまざまな形態　164
　　4　保護者面接の留意点　166
　　5　困った保護者への対応　170
　　6　保護者への援助システムの構築　172
　　7　おわりに　174
　　Column⑧　DVについて　175

第16章　学校における教育相談の実際 ……………… 176

　　1　教師の行う相談活動とは　176
　　2　学級担任による教育相談　178
　　3　教師カウンセリングの限界　181
　　4　保健室と教育相談　182
　　5　校内での連携・協働　184

第17章　関係機関との連携・協働 …………………… 186

　　1　学校が連携する諸機関　186
　　2　スクールカウンセラーとの連携・協働　188
　　3　コンサルテーションからコラボレーションへ　190
　　4　家庭・地域社会・学校の連携　193
　　5　連携・協働のキーマンとしての教育相談係　194

第18章　教師のメンタルヘルス ……………………… 197

　　1　教師という仕事　197
　　2　バーンアウト（燃え尽き）症候群の問題　198
　　3　教師とストレス　199
　　4　教師自身が考えるメンタルヘルス　200
　　5　学校におけるメンタルヘルス　201
　　6　おわりに　202

引用参考文献　203
索引　211

第1部
教育相談とは何か

第1章 教育相談とは

1 教育相談とは

　教育相談（educational counseling）とは，幼児・児童・生徒・学生（以下，生徒という）の抱える教育上の諸問題の解決や支援をめざして行われる相談活動である。教育相談の内容は，①学業相談，②進路相談，③適応上の相談（生活の相談，親子関係の相談など），④成長発達期に特有な問題（思春期・性など）に関する相談，⑤問題行動（いじめ，不登校，非行など）に関する相談，⑥精神的疾患などを抱える生徒の相談，⑦保護者相談など，多岐にわたっている。

　また，教育相談係の仕事としては，①プロモート（企画運営など），②コンサルテーション（教育相談の立場から他の教師へ助言などをしていく），③専門家とのコーディネイト（児童への援助が最善になるように連絡調整する），④近隣や関係機関との連携，などが考えられる。

　教育相談の種類には，①自発相談（生徒が自発的に相談にくる），②呼び出し相談（教師が特定の生徒を呼び出して行う），③チャンス相談（ちょっとした機会をとらえて話をする），④定期相談（すべての生徒に定期的に面接する）などがある。

　なお，教育相談は，広義には，①学校で教師によって行われる相談，②都道府県の教育相談センターなどで行われる相談，③民間の相談機関における相談，④児童相談所や家庭裁判所での相談などがある。狭義では，①，②をさし，とくに①を「学校教育相談」とすることが多い（関ら，1997）。以下では，とくに断りのない場合は①の「学校教育相談」について述べることとする。

2 生徒指導と教育相談の目標と課題

　文部省（1988；文部科学省，2010）によれば，生徒指導は，「一人一人の生徒の個性の伸長を図りながら，同時に社会的な資質や能力・態度を育成し，さらに将来において，社会的に自己実現できるような資質・態度を形成していくための指導・援助であり，個々の生徒の自己指導能力の育成を目指すものである」とされている。生徒指導というと問題行動への対応に重点がおかれてしまう傾向がみられるが，本来は，「児童生徒等の内面に注意を向けて，1人ひとりの人間性の発達をうながすもの」（中山，2001）である。

　文部省（1980）は，「学校における教育相談は，生徒の自己実現を促進するための援助手段の一つである。いいかえれば，生徒自身が，現在の自分，および自分の問題について理解し，どのようにすればその問題を解決できるかについての自己洞察をし，自らのうちに持つ力によって，自己変容していくことを援助する過程である」とし，「教育相談は，教育の原点に迫るための基本姿勢として大切」であるとし，また文部省（1990）は，「生徒指導の一環として位置づけられるものであり，その中心的役割を担うものである」としている。生徒指導には集団指導と個別指導があるが，教育相談はそのうちの個別で非公開による指導・援助の中心的なものである（文部省，1990）。生徒集団全体を対象にするだけでは解決できない場合も多く，「きめ細やかな個別的な対応が必要になり，教育相談が大きな役割を果たすことになる」（文部省，1990）からである。

　また，生徒指導・教育相談は，2つの側面に分けて考えられる。1つは，積極的な面での指導であり，生徒の人格をより望ましい方向に進ませる指導であり，すべての生徒を対象に，あらゆる教育活動を通して行われるものである。もう1つは，消極的な面での指導であって，適応上の問題や心理面の問題などをもつ生徒に対する指導である（文部省，1990）。

　これらから教育相談は，以下の3つに整理することができる（教師養成研究会，2003参照）。

　①開発的教育相談とは，生徒の発達可能性を伸張させるとともに，発達課題

(developmental task)の習得，達成をめざした指導である。具体的には，すべての生徒が遭遇する事柄（クラス替えや入学等）への支援や学習スキルや対人関係スキルの向上などへの援助である。
②予防的教育相談とは，生徒が成長，発達していく過程では，さまざまな困難な課題に遭遇することになるが，それらを未然に防止するための指導である。たとえば，登校を渋りがちな兆候，いじめのサインなどを発見したときに，問題が大きくならないようにするための援助である。転校生が学校へ適応できるように取り組むのも予防的教育相談である。
③治療・矯正的教育相談とは，不登校，神経症，心理的不適応といった心の悩みを抱えた生徒に対する治療的指導，非行・いじめ・校内暴力といった問題行動に対する矯正的指導のことである。

近年は，このうちの予防・開発的側面に重点がおかれるようになっている。

ここで注意しておきたいのは，これらはあくまで教育相談の分類上の話であって，「対象」に関するものではないことである。教育相談の対象は，健康であるとか，問題行動を重ねている，精神的な疾患を抱えているといったことに関係なく，すべての生徒である。そして，かかわりの基本は発達支援である。たとえば，精神的な疾患を抱えている生徒に対しても，治療的にかかわるだけではなく，その子どものもっている健康な面や可能性に注目して，よりよく発達していけるように支援するべきであると思う（第3章およびコラム②参照）。

3　学校における教育相談の基本姿勢

学校における教育相談は，次のようなことが基本姿勢となろう。
①生徒一人ひとりをかけがえのない存在としてとらえ，大切にする。
このような姿勢の根底にあるのは，人間への畏敬の念である。
②生徒を育てる視点に立つ。
目の前の生徒が成長していくためにはどのような対応が望ましいか，常にそのように考える習慣をつけておきたい。
③生徒を肯定的にみる。

肯定的な期待を込めて生徒と接すると生徒は期待にこたえる成果を示す（教師期待効果）し，不良とラベルを貼られた生徒は不良行為をするようになる（ラベリング）ということがある。生徒の肯定的な側面，可能性の側面を信頼して，そこにはたらきかけ，生徒の自己肯定感などを増進させたい。

④生徒一人ひとりを理解する。

人間は他者から関心を示されたい，他者から理解されたいものである。一人ひとりの生徒を理解し，特性を最大限に伸ばそうという姿勢で，積極的な関心をもち続けたい。生徒は，教師が自分に関心をもっていることに敏感に気づくし，教師の心を鋭く見抜くものである。

⑤生徒一人ひとりに積極的にかかわる。

不登校の生徒が，ある教師を信頼しているというので理由を聞いてみたら，「いつも声をかけてくれたから」ということであった。どんな声かけをしたかと聞いてみると，「今日は元気ないのと違う？　大丈夫なの？」「困ったことはない？」といった短い一声の積み重ねであった。それがうれしい。生徒一人ひとりに事あるごとに肯定的ストロークを送るように心がけたい。

4　教育相談の歴史

文部省（1990）を中心にわが国における教育相談の変遷を概観してみよう。戦後，昭和20年（1945）代に，わが国の中学校・高校に，アメリカのガイダンス（guidance）理論が紹介された。ガイダンスは，一般的には「生徒指導」と訳された。これとは別に，わが国の相談は学校以外の専門機関（児童相談所等）で発展してきた。これらのほとんどは臨床心理学の理論と方法に立脚していた。

昭和30年代になると，学校において教育相談が行われるようになったが，専門機関の影響を受け，診断や治療的側面を重視したものであった。同じ頃，ロジャーズ（Rogers, C. R.）の非指示的カウンセリングが教師たちに受け入れられていった（近藤，1997；林，2000）が，当時の学校カウンセリングは非指示的カウンセリングに固執して，受容的，共感的に来談者の訴えを聴くこと

だけを強調するものが少なくなかった。このように，当時の学校における教育相談の特徴は，①教育相談＝カウンセリングという傾向が強かった，②校内の相談室で行われる相談係中心の活動が大部分であった，③診断ということがいまよりも重要視された（北島，1988）ことである。その結果，教育相談はベテランの「相談担当教師カウンセラー」に任せられることが多くなり，やがて教師の「教育相談離れ」（北島，1988）が進んだ。

　昭和40年代には，学校における教育相談は，生徒の自己理解や自己実現を援助するという，教育相談の積極的な機能を生かそうとする実践がみられるようになった。

　昭和40年代から50年代にかけて，高校紛争，校内暴力，いじめ等の問題が生じたが，教育相談は十分にその役割を果たし得なかった。そこで，生徒指導体制の強化やカウンセリングの専門家の導入の動きも生じてきた。他方で，学校をあげて学校問題に対応しなければならなくなったこと，当時の生徒理解が共感的理解に傾斜していたなどの事情もあって，すべての教師が教育相談にかかわるものとされ，教育相談の主体も相談担当教師から一般教師へと移ってきた。そして昭和50年代中頃には，「カウンセリング・マインド」が強調されるようになった。

　1990年代には，教育相談はより予防的・開発的な方向へ展開するようになった。

5　生徒指導と教育相談との関係

1．生徒指導と教育相談の関係

　生徒指導と教育相談との関係については，さまざまな角度から考察されてきた（文部省，1990；栗原，2002）。
（1）ミニクリニックモデル
　教育相談はロジャーズの非指示的カウンセリングに依拠しながら，相談室での個人カウンセリングを中心とする治療的活動として展開してきた。これを

「ミニクリニックモデル」(大野, 1997) と呼ぶことができる。
(2) 両輪論
　管理的・集団的・訓育的指導と相談的・個別的・受容的指導，すなわち生徒指導と教育相談は車の両輪のような関係であるとする。
(3) 役割分担論
　生徒指導主事を中心とする集団指導体制と，相談担当教師ないし学校カウンセラーを中心とする成長促進の機能は，本来別個のものであるという見地から主張された。
(4) 中核論
　教育相談は生徒指導の中核であるとするものである。生徒を主体にするという「相談的姿勢を中核にすえるときに，訓育的指導と相談的姿勢とは，一人の教師のなかに矛盾なく統合されるとしたのが中核論」(栗原, 2002) であるとされる。

2．生徒指導と教育相談との統合

　生徒指導と教育相談は対立的にとらえられがちであった。生徒指導の側からみると，生徒には社会規範や学校の規則を守らせなければならないし，違反したときには処罰も必要である。これに対し，教育相談はカウンセリングと称してただ生徒の話を聞くだけであり，甘やかしているとされたりもした。しかし教育相談やカウンセリングにも厳しい内省を迫る局面がある。両者は対立するものではなく，統合されて一体のもの（日本学校教育相談学会, 2006) として，それぞれの特性を生かして相補的にはたらいていくものである。
　最近ではこういう理解が進んできた。たとえば，國分 (1987) は，「現実原則の濃い技法（生活指導）か，快楽原則の濃い技法（教育相談）かの程度の差であり，機能（役割）の差ではなく，両者には連続がある」としている。また，栗原 (2002) は，「生徒指導」とは「訓育的指導方法」という程度の意味であり，「教育相談」とは「受容共感的支援方法」という程度の意味でしかなく，生徒指導と教育相談を巡る論議は，生徒指導とのかかわりはどのような方法論で行うべきかという論議であるという。

6 生徒指導と教育相談との統合

1．父性原理と母性原理

　生徒指導と教育相談をとらえる場合に，父性原理と母性原理で説明されることがある。
　河合（1976）によれば，父性原理は，「切断する」機能に特性があり，すべてのものを主体と客体，善と悪，上と下などに切断し分割する。また「よい子だけがわが子」という規範によって，子どもを鍛えようとする。父性原理の建設的な面は強いものをつくりあげていくことであるが，逆に切断の力が強すぎて破壊に至る面がある。これに対し，母性原理は「包含する」機能によって示される。すべてのものを包み込み，すべてのものが絶対的な平等性をもつ。「わが子であるかぎり」すべて平等にかわいいのであって，子どもの個性や能力とは関係がない。母性原理が強すぎると，子どもを包み込んで殺してしまう（成長させない）。
　そこで，生徒指導は父性的特徴が優位であり，教育相談は母性的特徴が優位であると対比されてきた。学校では父性原理に基づいたかかわり方をすることが多いのに対し，カウンセリングは母性原理に根ざしたものであるといわれることもある。ところが，日本社会は母性原理の強い社会であり，学校も例外ではない。個性の尊重というが，価値判断の多様性が許されることは少ない（河合，1984）。生徒指導も校則で一律に服装等を規制するといった形で調和や一体感を強調するわけであるから，多分に母性原理的なのである。生徒指導と教育相談の対比といっても，より大きな母性原理のはたらく場のなかでの対比に過ぎないことに注意しておきたい。

2．対称的関係と相補的関係

　二者関係における対称的関係と相補的関係という概念を用いて，生徒指導と教育相談，教師と生徒の関係を考えてみよう。
　「対称的関係（symmetrical relationship）」とは，二者関係において，両者

に同じような関係があって，一方の行動が他方を刺激し，他方の行動がまた同じ行動を促進させるような関係である。軍拡競争，隣人どうしの見えの張りあい，スポーツ競技などは対称的関係の例である。また，「相補的関係（complementary relationship）」とは，一方が優位あるいは主導的な立場をとり，相手はそれに対応すべく追従的なかかわり方をする場合の関係である（佐藤，1986）。「相補的関係」は，支配―服従，養育―依存の関係であり，来談者とカウンセラー，親と子，教師と学生などの「身分的にすでに優位の立場にあるものが構成する二者関係」（佐藤，1986）にみられることが多い。教師―生徒関係，つまり生徒指導，教育相談は共に相補的関係である点に注意したい。

ところが，1つの関係のみがあまりに膨張してしまうと関係は破綻する。江戸時代の一揆を思い浮かべるとわかりやすい。これがベイトソンのいう「分裂生成」（Bateson, 1999）である。そこで，通常の人間関係では対称的関係と相補的関係のバランスをとり，「関係（というシステム）崩壊を予防」（崎尾，2001）している。教師と生徒の関係にも同様のバランスが必要である。生徒指導と教育相談を対立させるのではなく，相互補完的なものとしてはたらかせていく必要がある。

ところで，親子関係（相補的関係）では，子どもが反抗期になると自己主張を始め（対称性の主張），それを尊重する大人との関係で，対称的なパターンが組み込まれていく。そのようにしながら，「もう一回り大きな相互補完的パターンがそれまでの関係を包含」（崎尾，2001）していくことになる。教師-生徒関係にも同じことがいえる。教師は生徒の対称的関係を包み込んだ，より大きな相補的関係で生徒との関係を包含していかなければならない（図1-1）。

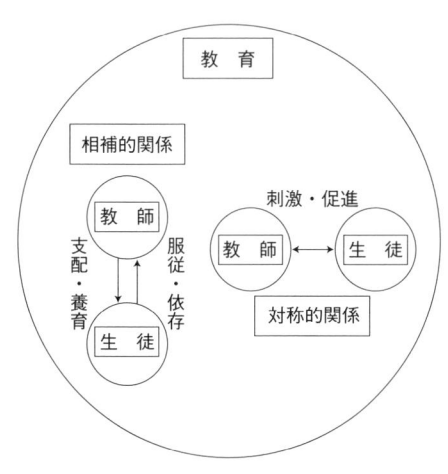

図1-1　対称性と相補性

教師は教育する存在であるから，教育という関係においては教師と生徒は平等ではなく，教師は子どもの発達を高所からみる視点（メタの立場）に立つ必要があると思う。生徒指導，教育相談もこの見地から統合されていくべきではないか。大野（1997）が，厳しさと暖かさ，訓育的生徒指導と相談的教育相談とが，本来的に教師のなかで一本化していなければ，真に生徒から信頼される教師になり得ない，と述べるのも同様の方向性のものと理解したい。

7　おわりに

　二重関係（dual relationship）といわれるものがある。カウンセリングでは，「クライエントとの間で，家族的，社交的，金銭的などの個人的関係およびビジネス的関係などの二重関係を避けるよう努める」（産業カウンセラー倫理綱領第16条）とされている。教育相談でも，教師がカウンセリングすると考えれば，「教師—生徒」と「カウンセラー—クライエント」という2つの関係を同時に結ぶことになる。これも二重関係といわれる。
　また，2つの役割を引き受ける，ダブル・ロール（double role：二重役割）の問題がある。非行の治療者は，非行を規制する立場と治療する立場の2つを引き受けなければならない。同じようなことは教師にも生じる。
　しかし教育相談の場合にはこのような関係が初めから内在している。むしろそういう関係のなかに身をおいて，それを統合しつつ生徒とかかわっていくことが望まれる。すなわち前述のメタの立場に立つわけである。そこにも教育相談のむずかしさがある。
　筆者の1人は大学で学生相談も行っている。どこの大学でも事情は同じようなものであろうが，いろいろな精神疾患を抱える学生がやってくる。そういう学生たちの支援をしながら卒業までもっていくのには，病院や民間のカウンセラーとは違ったむずかしさがある。そういう体験からしても教育相談は十分に専門性を有した固有の活動領域であると思う。
　最後に，少し長いが，村瀬（1990）に紹介されている，教師のエピソードを紹介しよう。

ある年若い男性教師A先生は，母親が蒸発し，酒と賭け事に耽る父親と2人になってから長期欠席をし，ゲームセンターに入り浸るB君を立ち直らせたいと思う。何度も家庭訪問しているうちにようやく1センチほど戸があけられB君がのぞくようになったが，それでも応答はない。夜9時以降にB君がゲームセンターに行くのをA先生は自家用車をアパートの前に停めて見張る。ある夜，寒空のもと，B君が背を丸めてカップラーメンを手に抱えて買い物から戻ってくる。これを見ていたA先生は，B君の寂しさ，やるせなさが伝わってくるようで車の中で号泣。このあと，不思議とB君はA先生と隙間越しに言葉を交わすようになる。登校を約束するA君。登校しなかったら坊主頭になると約束するA先生。B君は登校せず。坊主頭になったA先生を見て，B君の態度は変わる。人を信じるという方向へ。B君に合った教材の工夫や友人の支えもあって学校生活に足場を見出していったB君。父親もついにA先生を訪れ「よろしく」と挨拶をするようになる。

　村瀬（1990）は，A先生の対応について，ナイーヴな体当たりの努力であるとか，批判することは容易かもしれないが，「厚い仮面のうちに潜む相手の心に出会うには通りいっぺんの理屈や技巧では事足りないのも否めない」という。そして，臨床家として「限られた時間や空間のなかで，クライエントに対して本当に意味ある凝縮された対応をするとはどういう条件が要るのであろうか」と自問し，「真にクライエントのためにあるとはどういうことなのかを，おのがじし考えていくこと，気負いやてらいなく，それでいて余人をもって替え難い存在になること」が自分たちの課題となると述べている。

　生徒指導や教育相談にも同じことがいえるのではないか。カウンセリング技法といったものよりもさらに底のところで，教師が，生徒にかけがえのない存在であろうとし，自分の全存在をかけて生徒の心とかかわること。そういうところから生徒にとって「余人をもって替え難い存在になる」ことへの一歩が始まるのであろうし，そして，それこそが教育相談の核ではないか，と筆者には思える。

Column① キャリア教育

　キャリア（career）の語源は，中世ラテン語の「車道」を意味し，そこから，人がたどる行路やその足跡，経歴，遍歴なども意味するようになった。さらに，20世紀後半の産業構造の新たな変革期を迎えて，キャリアは特定の職業や組織の中での働き方にとどまらず，広く「働くこととのかかわり」を通しての個人の体験のつながりとしての生き様を意味するようになった。

　「キャリア」の概念については，文部科学省（2004）が，「個々人が生涯にわたって遂行する様々な立場や役割の連鎖及びその過程における自己と働くこととの関係付けや価値付けの累積」と解説していたが，ここでの「働くこと」とは，職業生活以外にも，家事や学校での係活動，あるいは，ボランティア活動などの多様な活動があることなどから，個人がその学校生活，職業生活，市民生活等の中で経験するさまざまな立場や役割を遂行する活動として，幅広くとらえたものであった。しかしキャリア教育の現実は，勤労観・職業観の育成や進路を選択する能力・態度を育てる教育に偏重し，社会的・職業的自立のために必要な能力の育成がやや軽視されてしまっていることが課題として生じた。

　そこで文部科学省（2011）は，（2004の定義と本質的には同じであるとしながら），キャリアとは「人が生涯の中で様々な役割を果たす過程で，自らの役割の価値や自分と役割との関係を見出して行く連なりや積み重ね」の総体（『中学校キャリア教育の手引き』）であるとし，「社会の中で自分の役割を果たしながら，自分らしい生き方を実現していく過程」が「キャリア発達」である（中央教育審議会答申2011）とした。つまり，発達過程にある子どもたち一人ひとりが，それぞれの段階に応じて適切に自己と働くこととの関係づけを行い，自立的に自己の人生を方向付けていく過程，つまり「自己の知的，身体的，情緒的，社会的な特徴を一人ひとりの生き方として統合していく過程」が「キャリア発達」である。

　人の成長・発達の過程には，節目となる発達の段階があり，それぞれの発達の段階において克服あるいは達成すべき課題がある。それと同様に，キャリア発達にもいくつかの段階があり，各段階で取り組まなければならない課題がある。キャリア教育は，そのような一人ひとりのキャリア発達を支援するものでなければならない。「学校教育に求められている姿」としては，「生きる力の育成」であり，それを社会人・職業人として自立した社会の形成者の育成の観点から実践しようとするのがキャリア教育である。

第2章 来談者中心カウンセリングとカウンセリング・マインド

1 来談者中心カウンセリングとは

1．来談者中心カウンセリングの成立

　来談者中心カウンセリングはロジャーズ（Rogers, C. R.）によって開発された，クライエントの能力や可能性を信頼し，クライエントを中心にすえた援助を進める立場のことである（ロジャーズは心理療法とカウンセリングを区別しない立場なので，カウンセラーでなくセラピストの用語を使用している。本章では一部それに従った）。

　有名な話として，ロジャーズに影響を与えた，「乱暴な少年の母親」との面接がある。問題は明らかに，その子どもの幼少期に母親が拒否をしたところにあったが，何度面接を重ねても，彼女にその洞察をもたらすことができなかった。母親との面接が終わることになり，帰り際に，母親はふり返って「先生，ここでは大人のカウンセリングも行っておられますか」と言った。母親のカウンセリングが始まると，彼女は，結婚生活についての絶望感や，うまくいっていない夫との関係，失敗し混乱した気持ちなどを次々と語り始め，本当の心理療法はそこから始まった，とロジャーズは書いている（Rogers, 1961）。

　ロジャーズは，セラピストの役割は外から何かを押し付けるものではなく，「クライエントが自分自身に内在する資源（inner resources）を探索し発見するのを援助する」（Thorne, 1992）ことであると確信していた。そして来談者中心カウンセリングが誕生する。その基本姿勢は，クライエントの成長はクライエント自らの決定でしかなされないこと，カウンセラーはそれを人格的に支

えることである（Rogers, 1942）。来談者中心カウンセリングは，クライエントに対する畏敬の念を基盤とし，その生き方を尊重する。このように考えるところから，個人の価値や意義を認め尊重する，クライエントの能力を信頼するといった来談者中心カウンセリングを促進する態度が出る。その主要な関心事はクライエントの経験の世界にあり，クライエントの心（内的枠組み）に焦点が当てられる。ロジャーズは，カウンセリングにおいて大切なのはカウンセラーの態度であり，カウンセリング関係そのものの質であり，そこに治療的意味があるとした。このように人間関係そのものがもつ癒しの力を徹底的に強調したのが，ロジャーズのアプローチの大きな特徴（諸富, 1997）である。

2. ロジャーズのパーソナリティ論と来談者中心カウンセリング

　ロジャーズによると，人間とは自己実現への傾向をもつ有機体であり，それが実現された状態が「十分に機能している人間」である。十分に機能している人間とは，経験に対して開かれており，防衛的でない，いろいろな状況に出会っても創造的な順応をしていく，他人とも最大の調和をもった生活をすることができる（Rogers, 1959）といった特徴をもち，ロジャーズが理想とした人間のあり方である。

　対人関係は人を発達させるが，人の発達を妨げることもある。人は成長の過程において，親の期待にこたえることが価値あること（価値の条件）だと学ぶ。このとき，自分にとって重要な他者（父母など）が，「～であればいい子」といった条件をつけてかかわってくることが人の心をゆがめる。自分はいつも親切で，いい子であらねばならないといった「とらわれ」を抱え，本来もっている成長へのはたらきを発揮し得ないようになっていくのだとロジャーズはいう。

　価値の条件によって経験を選別していくようになると，価値の条件に一致する経験は自己のうちに取り入れられるが，価値の条件に一致しない経験は否定されて，意識されなくなる。そこから，自己と経験との不一致，すなわち心理的不適応が生まれる（図2-1）。

　このような不一致の状態から回復していく過程が再統合の過程である。そのためには価値の条件が減少し，無条件の自己配慮（自分に対する肯定的な態度）が増加する必要がある。その人が独自の人間として生き始めるような，それま

第2章 ●●● 来談者中心カウンセリングとカウンセリング・マインド

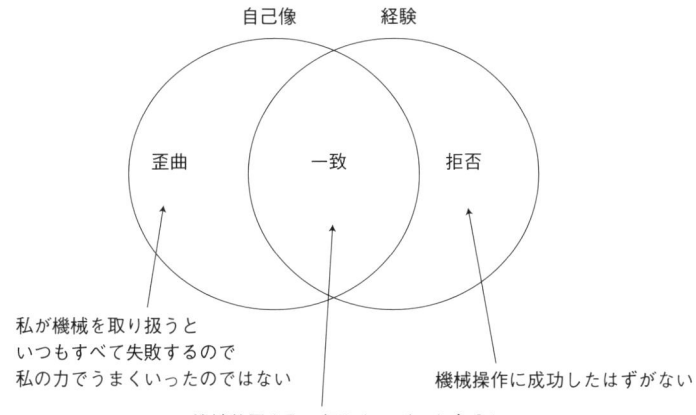

自己概念に一致しない経験を意識から締め出すために、歪曲や拒否が行われる。

図2-1 自己と経験の不一致（機械装置の取り扱いが成功した場合）(Rogers, 1959)

でとは異なった場を提供しようとするもの，それがロジャーズの中核条件といわれるものである（Means & Thorne, 1988）。

2 パーソナリティ変化の必要にして十分な条件

1．パーソナリティ変化の条件

ロジャーズは，「治療上のパーソナリティ変化の必要にして十分な条件」という論文において，建設的なパーソナリティ変化が起こるためには，①2人の人間が心理的な接触をもっていること，②第1の人（クライエント）は，不一致の状態にあり，傷つきやすい，あるいは不安の状態にあること，③第2の人（セラピスト）は，この関係のなかで，一致しており（congruent），統合（integrated）されていること，④セラピストは，クライエントに対して無条件の肯定的な配慮（unconditional positive regard）を経験していること，⑤セラピストは，クライエントの内部的照合枠（internal frame of reference）

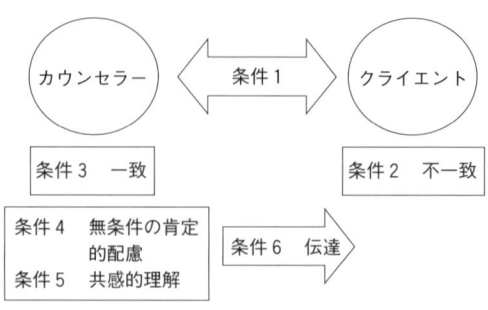

図2-2　パーソナリティ変化の必要にして十分な条件

に感情移入的な理解（empathic understanding）を経験しており，そしてこの経験をクライエントに伝達するように努めていること，⑥セラピストの感情移入的理解と無条件の肯定的配慮をクライエントに伝達するということが，最低限に達成されること，の6つの条件が存在し，それがかなりの期間継続することが必要であるとした（Rogers, 1957）（図2-2参照）。

そして，この6つの条件以外は，「他のいかなる条件も必要ではない。もしこれらの6つの条件が存在し，それがある期間継続するならば，それで十分である。建設的なパーソナリティ変化の過程が，そこにあらわれるであろう」とロジャーズはいう。これらの6つの条件はそれぞれに密接に関係しあっているもので，全体として治療的効果を生むものとなっている。その詳細は類書に譲り，本章では中核条件について述べることにする。

2．カウンセラーの態度条件（中核条件）

(1) 共感，ないし共感的理解

ロジャーズによると，共感（empathy）とは，セラピストがクライエントの私的な世界を，あたかも自分自身のものであるかのように感じ取り，しかもこの"あたかも…のように"（as if）という性格を失わないことである。共感は，カウンセラーが自分の準拠枠（現実を体験し知覚する様式）を脇において，クライエントの準拠枠を感じて反応させることを優先することである。共感はクライエントとともにいる1つのプロセスであり，クライエントとともに旅をしているようなものである（Means & Thorne, 1988）。

(2) 無条件の肯定的関心 もしくは受容

　無条件の肯定的関心とは、カウンセラーが、クライエントが体験するすべての側面を、そのクライエントの一部として暖かく受容していることである。これはカウンセラーの態度についての言及である。クライエントは、重要な他者の期待にこたえることが価値あることだと学習してきている。無条件の肯定的関心は、無条件にクライエントに価値をおく。クライエントのいかなる言動によっても一貫した受容と暖かさが絶えることはない（Means & Thorne, 1988）。

　この関係のなかでは、クライエントは防衛的になる必要はないので、安心できるようになり、それまで避けていた内界の領域を探求していけるようになる。

(3) 治療者の純粋性または自己一致・一致性

　純粋性（genuineness）とは、カウンセラーがありのままの自分に気づいており、自分の長所や短所をそのままで認めている状態のことである。カウンセラーは、偽りのない、防衛的でない態度でクライエントと接することができる。純粋性と一致性（congruence）はほぼ同じ意味で使われることが多いが、やや意味の違う含みがある。「一致性」とは、治療の場において、カウンセラーの自己と経験にずれがなく一致している状態のことである。カウンセラーが自分の言葉と行動を感情に一致させていることを強調するときに使われる。

　カウンセラーが治療的出会いの関係において純粋で一致していなければ、他の条件は満足のいくものとはなり得ないであろう。つまり純粋性・一致性は共感や無条件の肯定的配慮の前提条件とみなされている。そういうことから、来談者中心カウンセリングを支えるものはカウンセラーの人格である（Rogers, 1945）ともいわれる。それゆえにカウンセラーとしての修養が大切とされている。

　以上が来談者中心カウンセリングの素描である。来談者中心カウンセリングや中核条件がカウンセリング・マインドに大いに影響を与えていることが読み取れるであろう（Rogers, 1945参照）。

3 カウンセリング・マインドとは

1．カウンセリング・マインドの意味

　カウンセリング・マインドは和製英語である。「カウンセリングの心・精神」とか，「カウンセラーないし教師の心・精神」という意味で用いられている。
　文部省（1990）によれば，カウンセリング・マインドは次のような内容を含んだものである。
　①単なる技法を越えた人間としてのあり方を問題にしていること。
　②理解し，理解される教師と生徒との人間関係をつくることを大切にすること。
　③生徒の自主性・自発性・自己決定力を尊重し，これらを伸ばすための援助としての姿勢を大切にすること。
　そして，これらは教育相談室のみならず教師の教育活動全体を通じて具備すべき教育相談の視点を示しているとしている。
　カウンセリング・マインドは，「カウンセラーの姿勢・心構えあるいは基本的態度」（保坂，1993）とか，「カウンセリングの心」（小泉，1993）とする立場もあるが，最近の教育現場では，「教員」が身につけるべき態度として広がってきている（仁田，2000など）ところがある。この辺の事情について，武田（1987）らは，生徒理解なり生徒へのかかわり方を向上させるためとはいえ，教師が即カウンセラーになるわけにはいかないので，カウンセリングないし臨床心理学のエッセンス，すなわちカウンセラーの心構えを身につけようとした。そのための方策がカウンセリング・マインドの導入であった，と指摘している。いずれにせよ，カウンセリング・マインドとは，「態度・姿勢・心構え」であるとする説が最も多い（菅野，1994；上地，1999など）。

2．ロジャーズの態度条件とカウンセリング・マインド

　ところで，カウンセリング・マインドを，ロジャーズの3条件すなわち①純粋性，②受容，③共感との関係でみると，純粋性を入れないで，受容，共感

と傾聴をあげているもの（たとえば門田，1996など）が最も多い。

しかし，前述したように，ロジャーズの態度条件はそれぞれが密接に絡んでいる。ではなぜ純粋性が除かれたのか？ 純粋性こそカウンセラーのあり方として，カウンセラーの専門性を担保するものであるから，それが抜けるともはや"カウンセラー"の態度という性質が失われてしまうといえる。ところが，まさにカウンセラーの専門性を外すことが，教育分野への転用を可能にし，その欠けた部分に"教師"を入れ込むことがめざされたのではないかと推測される。

3．カウンセリング・マインドに対する批判説

カウンセリング・マインドには批判的な意見もある。

村山（1998）は，①最大の問題は，安上がりのカウンセラーづくりという危険性がある，②ロジャーズの3条件は明確に定義があるが，それをぼかしたようなかたちでのカウンセリング・マインドは実体がない，③その言葉に込められている甘さややさしさがめだち，ロジャーズの厳しさなどはカウンセリング・マインド論にはまったくない，④それがだれでもやれるのだという安易なものを生み出してしまい，専門家の必要性がオミットされてしまう，と述べている。氏原（1997）もカウンセラーならではの専門性ないし独自性が失われてしまうという。

また，酒井（1997）は，カウンセリング・マインドの流行が，教師に過大の期待をかける結果となっており，心の理解が支配的な日本では，教師の関心が個々の生徒との関係構築に向いているために，「カリキュラムをどう編成し，生徒に何を伝えていくかに対する関心」が低くなる問題点を指摘している。

4　カウンセリング・マインドの具体的説明

今井（1986）は，教師が指導の転換を図るために身につける必要のあるものとして，①生徒を尊重する，②生徒理解を極める，③人間関係を重視する，④生徒を主体にする，⑤気持ちを受容しても行為は認めない，ということを述べ

ている。

　神保（1987）は，カウンセリング・マインドを生かした教育活動の例として，①児童生徒の成長への可能性を信頼し，畏敬の念をもつ，②人間として対等な関係を実践し，心の響き合いをもつ，③児童生徒の考え方，感じ方をありのままに受けとめ，共感的に理解しようとする，④教え，与えることに性急にならずに，自分で学ぼうとする構えを大切にする，⑤知的側面だけでなく，情緒的側面へのかかわりを大切にしていく，⑥児童生徒を先入観や固定的な考えでみないで，新鮮な目で柔軟にみていく，⑦児童生徒とともに考え，歩もうとする，⑧児童生徒の自尊心を大切にし，追い立てないで待つ，⑨共感的理解と訓育的指導を統合していく，ことをあげている。

　中山（1992）は，教師がもつべきカウンセリング・マインドや指導のあり方について，①児童生徒の心を映し出すよい鏡になる，②今，ここでの感情を大切にする，③問題行動の背景を理解する，④叱るとき，児童生徒の人格・性格にふれずに現状を話して解決する，⑤相手を責めるようなことばを用いない，⑥焦らずに待つことができる，⑦一緒に遊ぶ時間を多くもつ，⑧同僚教師の悪口を言わない，などをあげている。

　松原（1998）は，カウンセリング・マインドとは「子どもの心理を十分に理解し，子どもの気持ちになって指導・援助・助言すること」であるとしている。そして，カウンセリング・マインドを生かした指導例として，①子どもの興味や能力に応じた指導，②子どもを差別しない教師，③寛大な教師，④ユーモアのある楽しい授業の教師の例をあげている。また，カウンセリング・マインドを生かしていない教師の指導例として，①機械的・事務的な指導，②発音のはっきりしない英語教師，③特定の子を偏愛する教師，④その日の気分で対応の違う教師，などの例をあげている。

　いずれも教育現場に相当な影響を与えている説明である。それぞれの内容についてはまったく妥当である。しかし，ロジャーズの態度条件などから導きだされたものもあり，論者のカウンセリング観を適用して述べたものもあるような印象を筆者は受ける。その理由は，カウンセリング・マインドは，導入された当初から明確な概念を欠いていたし，発展途上の概念であることに起因するのであろう。現時点ではやむを得ないことかもしれない。

5 おわりに

　初期のロジャーズ理論の研修がわが国でさかんであった頃，受容できているか，共感できているかといった，今から思えば禅問答のようなことも行われていた。カウンセリング・マインドの内容が曖昧であるがゆえに，現代の研修においても，「カウンセリング・マインドが足りない」といったことがくり返されはしないかと危惧している。しかしすでにカウンセリング・マインドは教育界に根付いている感がある。今後の教育界においてカウンセリング・マインドがどのようなかたちで進展していくのか興味が尽きない。

　筆者は，1つの方向として，「支持的精神療法」のあり方が参考になるのではないかと思っている。支持的精神療法は，特定の理論体系をもたない空気のような性質であり，特定の精神療法を「図」とすると「地」であり，精神医学的知識のうち常識になったものを利用する。患者に対してほどよい共感を示し，追い詰めない程度に逃げ道を示しながら励ますといった，人間に本来備わっている対人関係上の配慮が治療の大枠になっている（阿部ら，1997）。実は，カウンセリング・マインドもこのような性質のものではなかろうかと思う。

Column② カウンセリングと心理療法

　カウンセリングと心理療法（psychotherapy）との関係については，心理療法は精神的に重い病気を抱えている人を対象にし，カウンセリングは健康度の高い人を対象にしているといわれることが多い。しかし，たとえば大学の学生相談では，精神的な病気を抱えている学生を通院させながら，何とか学生生活を過ごせるように支援することも少なくない。そうすると，対象の差異ではなく，対応の差異ではないかとも思える。

　スーパー（Super，1951）は，臨床心理学もカウンセリング心理学も，すべての人を対象にするが，彼らに関する関与の仕方において違いがあるとしている。臨床心理学は精神病理学的診断と治療に関与するのに対し，カウンセリング心理学は予防・衛生に関与する。カウンセリング心理学は，その人のうちにある正常性に注目し，個人が社会で遭遇するさまざまな事態に効果的に対処し自分の道を見出していくのを援助する。つまり，問題の除去や問題傾向の変容よりも，個々人が自分の資質を最大限に生かし，自分の環境を利用して，よりよく適応・成長するのを援助することに関心をもつ。

　アメリカ心理学会（American Psychologist Association，1981）でも同様の見解を示している。臨床心理学は知的・情緒的・心理的・行動的障害や問題を把握し，予測し，かつ，それらを軽減することを目的とする。これに対し，カウンセリング心理学は，個人が一生涯にわたる発達的過程をとおして効果的に機能するのを援助することを目的とする。援助活動の実践にあたり，成長と適応という個人の積極的側面にとくに強調点をおき，かつ，発達的見解に立つとしている（渡辺，2002参照）。

　筆者もこのような考え方に賛成で，心理療法は精神的な病気の軽減を目的とし，カウンセリングは精神的な病気をもつ，もたないにかかわらず，その人の発達的側面を支援するものであると考えている。カウンセリングではむしろその人がうまく成長してくれることを願うところに焦点をおいていく。結果的に病気がよくなることはあるが，それはカウンセリングの第一義の目的ではない。このような考え方をとると，さまざまな問題を抱えた生徒への援助が可能になり，学校教育相談のあり方においても有益な示唆となろう。

第3章 開発的カウンセリング

1 開発的カウンセリングとは

　開発的カウンセリング（developmental counseling）とは，児童生徒の人格的成長と発達を支援するカウンセリングのことである。これはブラッカー（Blocher, 1966）により，1960年代に提唱されたカウンセリングの立場に由来する。ブラッカーの著作では，カウンセラーがすぐれたプログラマーの役割を果たすことも含んでいるので，developmentalを「発達的」ではなく「開発的」と訳したことからこの言葉が定着した。

　カウンセリングは，病気の治療だけではなく，人間の発達を促進することを目的にすべきであるとブラッカーは主張する。開発的カウンセリングの目的とは，個人が自分について知り，環境からの影響に適切に対応していけるように支援することであり，将来に対して目的や価値観をもって行動していけるように支援することである。人間の発達と環境との間には密接な関係があるので，人間が環境との適切な関係を保持しながら，自分自身を適切にコントロールし，自律的主体的に行動していけるようになることが望ましい。ブラッカーは，エリクソン（Erikson, E. H.）やマスロー（Maslow, A. H.）の理論に基づいて発達的枠組みを構想し，発達段階に応じて，社会的役割，発達段階，対処行動の3つの枠組みに分けて考えていき，適切な介入を行おうとした（Blocher, 1966）。

　このような考え方は，わが国の教育界にも受け入れられ発展してきた。國分康孝によると，育てるカウンセリング（教育・開発的カウンセリング）は「問題解決の能力を育てるカウンセリング」であり，「人生途上でだれもが遭遇する問題を自力でのりこえていく能力を養うためのもの」である。だれもが遭遇

する問題とは，「親からの心理的離乳，友人関係，異性関係，進路選択，学業不振」などである（國分，1997）。また，栗原（2003）は，開発的カウンセリングとは「心理的情緒的，社会的，進路的，知的，身体的な発達を，カウンセリング的な理解と方法を活用しながら促進すること」としている。こういった流れをみれば，今後の教育相談はますます成長・発達支援的な方向に進むであろうと思われる。

2　構成的グループ・エンカウンター

1．構成的グループ・エンカウンターとは

　エンカウンター（encounter）とは，本音と本音の交流のことである。そこでの「ふれあい」「自他発見」は，人間関係のベースであり，授業や生徒指導などの根底を流れるものである。構成的グループ・エンカウンター（structured group encounter: SGE）とは，人間的成長をめざした集団体験学習のことである。ふれあいと自他発見を目標とし，個人の行動変容を目的としたものである。「ふれあい」とは，本音と本音の交流，心と心の通い合う出会い（人間関係）である。本音とは，あるがままの自分（真の自己）のことである。また「自他発見」とは，自他のかけがえのなさの発見であり，自己盲点に気づくことである（片野，2004）。

　ふれあいと自他発見の結果，行動変容が生じる。すなわち構成的グループ・エンカウンターは，「個人が特定の行動・特定の考え方・特定の感情へのとらわれから解放され，行動・認知・感情が広がり，生活空間が広がるように，新しい行動の仕方を学習すること，新しい認知を学習すること，新しい感情を体験すること」（國分，1992），すなわち人間の成長をねらったものである。

2．何を構成するか

　構成的グループ・エンカウンターにおける「構成的」であるとは，対象，グループ，エクササイズ，時間をセッティングすることである（國分，1997）。

(1) エクササイズ

「ふれあい」と「自他発見」を効率的，効果的に進めるためにエクササイズを使用する。子どもたちの実態を把握し，ねらいに沿ったエクササイズを用意する。たとえば自己受容のために「私は私が好きです。なぜならば…」というエクササイズを実施する。

(2) グループ・サイズ

エクササイズに取り組む人数のことである。「ペンネームの展覧会」は全員で，「信頼の壁」は7人組で，というように人数を指定する。「個人で書いてから5人組で」というように，1つのエクササイズのなかで人数構成を変える場合もある。

(3) 時間

エクササイズに取り組む全体の時間，そのなかでの個々の持ち時間など，時間を設定することである。

3．エクササイズのねらい

エクササイズとは，心理面の発達をうながす課題のことであり，6つの種類がある（岡田，1997）。

①自己理解：自分の本音を知らないとありたいように生きられない。自己理解は他者理解を促進する。人は，自分を理解している程度にしか他者を理解できない。

②他者理解：他者を知ることで自分が広がる。

③自己受容：いやなところも含めて自分を受け入れる。自己受容は他者受容を促進する。

④自己表現・自己主張：アサーティブな表現・主張をめざす。

⑤感受性の促進：人間関係，コミュニケーション能力の大きな力となる。

⑥信頼体験：人間関係，コミュニケーションの根底を支える。

4．構成的グループ・エンカウンターの流れ

教室での一般的な流れ（岡田，1997参照）は以下のようになる。

①ねらいと内容の説明

ねらいは生徒にわかりやすいものにする。
②ウォーミングアップ
心身の準備運動で，雰囲気を盛り上げる。
③ウォーミングアップに対する教師のフィードバック
教師によるウォーミングアップへの簡単なふり返りをする。
④インストラクション
インストラクションとは，エクササイズ導入部分での説明やデモンストレーションのことである。リーダー（教師）が，エクササイズのねらいや内容を説明する，ルールを徹底させる，何をしたらよいかなどの指示を明確にする。リーダーがデモンストレーションをすると効果的である。
⑤エクササイズの実施
積極的に参加しているか，ルール違反がないか，抵抗を起こしていないか，といったことを観察しながら進めていく。必要があれば教師が介入する。介入とは，リーダーの割り込み指導のことである。構成的グループ・エンカウンターのねらいから外れたり停滞したりしているような場合に，リーダー（教師）が介入して軌道修正する。
⑥シェアリング
シェアリングとは，エクササイズをとおして感じたこと，気づいたことを話し合うことである。エクササイズをふり返ることで気づきや感情を明確化し，ねらいを定着させるはたらきをもっている。大切なことは，エクササイズとシェアリングは相互補完的であり，体験して感じたことや気づいたことを出し合うことでメンバーの認知が修正・拡大されることである。
⑦まとめ
教師からのフィードバックをする。なお，エンカウンターを実施後に，後悔したり自己嫌悪する生徒がいる。エクササイズ後のケアが大切である。

5．構成的グループ・エンカウンターの効果

まず，各エクササイズのねらいが達成されることによる効果が生じる。他にも集団内でのコミュニケーションづくりの効果，教師と生徒のリレーションづくりの効果，登校拒否やいじめ防止の効果などがあるといわれている（國分，

1996)。

3 アサーション・トレーニング

1．アサーションとは

　アサーション（主張性・自己表現：assertion）とは，「自分も他人も大事にすること」「自分の意見，考え，信念，気持ちを大事にし，しかも同じように他人の意見や考え，信念，気持ちをも大事にすること」である。
　アサーティブ（assertive）になるとは，自分のことを明確に，率直で，適切に表現することである。また自分の思っていること，ひいては自分自身を大事にすることである。アサーションは「正直」を大切にする。すなわち，自分の主張したことや人生に対して責任をもつ，自分で意思決定することである。積極的に主張的行動がとれるには，自分を好きになり自分自身を愛すること，つまり自分を大事にすることが求められる。それゆえアサーションは，たんなる自己表現の技術ではなく，基本的人権の問題や，ものの見方，考え方を含む広い意味での自己表現をも意味する（平木，1993）。

2．アサーティブな行動について

　アサーティブな行動について，もう少し考えてみよう。たとえば，「あなたはレストランで食事をしています。ステーキの焼き加減をレアで注文したが，ウェイターが運んできたステーキは，ウェル・ダンに焼きあがっていました」（平木，1993より作成）。
　そのようなときに3種類の対応が考えられる。第1は，攻撃的な対応である。注文通りでなかったことを大声で叱りつける。第2は，非主張的（消極的）な対応である。注文とは違うと思いながらも，ウェイターには何も言わず，ステーキを食べる。第3は，アサーティブな対応である。ウェイターに，自分はレアで注文したが，ウェル・ダンのステーキがきてしまったときちんと伝え，「レアのステーキととりかえてほしい」と頼む。

攻撃的な対応とは，相手に対する同情心がなく，相手のおかれている状況を考慮しないものである。相手の気持ちを害し，相手を見下し支配することになる。このような行動のあとでは後味の悪さが生じることが多い。非主張的な対応とは，自分の気持ちや信念を表現せず，自分の要求よりも他者の要求を大事にしているような言動である。非主張的な言動のあとでは，「自分はだめだ」という自己否定や劣等感の気持ちが生じることがある。これに対してアサーティブな対応とは，自分も相手も大切にした自己表現である。相手に対する配慮もするが，自分の立場を相手に伝え，自分がとらざるを得ない行動を説明し，その場にふさわしい建設的な方法が探りだせる可能性が高い。

3．私たちがアサーティブになれないわけ

私たちがアサーティブになれない理由は次のように整理できる（平木，1993参照）。①自分の言いたいことがはっきりと整理できていない。②失敗を恐れている，周囲を気にしすぎる。③基本的人権を使っていない。アサーションは相互尊重の精神に基づいた自己表現であるから，言論の自由を守るための考え方と方法である。④考えがアサーティブでない。これは，ものわかりのよい人が好かれる，上司には従うべきといった多くの常識や思い込みを，私たちが正しいと信じているからである。⑤アサーションのスキルを習得していない。

アサーティブになれない例は，子どもたちの生活のなかでいくつも見つけることができる。たとえば，「自分は別なことをしたいのに誘われると断れない」「自分の意見を言うと友達から嫌われるかもしれないと心配になる」「友達のなかに入って雑談ができない」といった例など，たくさん思い浮かぶであろう。

こういったことのそれぞれにトレーニングが可能である。また，筆者はカウンセリングと連動して，アサーション・トレーニングをしたことが幾度かある。教室でも，教育相談の過程でも，うまく取り入れて行うと効果があると思う。

4．アサーション・トレーニングの例

アサーション・トレーニングは，自分を受け入れるための方法としても使える（Ree & Graham, 1991）。たとえば，「自分の能力や性格，過去の行動といったもので，何でもいいから好きなところを，数個書いてみましょう。そして，

毎日それを自分で読んでみましょう」。これを実行すると自己肯定感が増してくると思う。

また，自分の非力感を克服する方法などもある。「①自分がだめだとか，損をしたと思った状況を書いてみよう。②どうすればもっと主張的になれるか考えてみよう」というものである。

生徒がなかなか答えを出せないときは，教師と生徒が一緒に考えていくのがよいと思う。その過程を肯定的な言葉で支えながら進めていくと，練習の効果が出てくる。

残念ながら，アサーティブな言動は日本の風土や職場・教室の空気，子どもの文化などにはまだまだなじまないところがある。本当は自分の意見をもっているのだが，うかつに出すといじめられる危険があってひかえている子どももいる。そういうなかで特定の子どもだけにアサーション・トレーニングをしても，その子が浮いてしまう危険がある。教室全体の雰囲気を変えていくとか，はじめは表現訓練よりも自己肯定感を増進させていくトレーニングをするといった工夫が必要である。

4　ソーシャル・スキル・トレーニング

人が人間関係において適切な行動をすることができないのは，実行するために必要なスキルが欠如しているからである。ソーシャル・スキル・トレーニング（social skills training: SST）とは対人関係能力を育てる技法のことである。ソーシャル・スキル・トレーニングはもともと教育的色彩が濃い治療技法であることから，現在では学校において幅広く利用されている。また最近では，特定の子どもだけでなく学級全体を対象にした集団SSTも実施されている。これは教育技法として子どもの社会性の発展に寄与しようとして開発されたことから「ソーシャルスキル教育（Social Skills Education: SSE）」として実施されている（相川・佐藤，2006）。

どのようなスキルを選ぶかは人によって，目標によって異なるが，洗練されたものが開発されてきている。たとえば小林と相川（1999）では，小学生のス

キルとして，あいさつ，自己紹介，じょうずな聴き方，質問する，仲間の誘い方，仲間への入り方，あたたかい言葉かけ，気持ちをわかってはたらきかける，やさしい頼み方，じょうずな断り方，自分を大切にする，トラブルの解決策を考えるなどがあげられている。

トレーニング・プログラムのなかで用いられている基本的な技法はほぼ共通している。全体の目標となる課題はいくつかのトレーニング段階に分けられ，単純なものから複雑なものへとシステマティックにトレーニングされる（渡辺，1996）。ここでは，小林と相川（1999）によるものを紹介しておく。

①インストラクション（言語的教示）

対人行動の基本的心構え（友達となかよくしよう），ふるまい方（そこでニコッと笑うといいよ），ルール（順番を守りましょう）などについて教示する。

②モデリング

スキルの見本をみせてまねさせる。これには，実際にしてみせる，テレビやビデオをみせる，ロールプレイをみせるなどがある。

③リハーサル

適切なスキルを頭の中や行動で何回もくり返して反復させること。

④フィードバック

やってみたことをほめて，修正して，やる気を高める。練習したスキルを実際の場面で使えるようにうながす。

⑤定着化（般化）

練習したスキルが日常場面で実践されるよううながす。なおSSTは非常に有効なものであるが，定着させるのがむずかしい。学校で実施したことを定着させるための工夫が必要である。

5 偏愛マップ

これは斉藤（2004）によって提唱されたコミュニケーション法である。いい人間関係というのはお互いの偏愛やクセの結びつきによって起きる，同じ興味をもっていると一気に距離が縮むということから，苦手な人や対話のなかった

人ともコミュニケーションができることをねらったものである。「自分が本当に好きなものは何か？　そういう問いをポジティブに自分に発してみよう」というねらいもある。

　方法は，「ハンパじゃなく好きなもの」を「人にみせる」ということを念頭において紙にマップを書き出す。それぞれのマップをお互いに交換しみせ合いながらコミュニケーションを図る。一目で相手の興味がわかるので，会話の糸口がつかみやすい。

　実施の仕方は簡単である。必ず最初は参加者全員に2人1組になってもらう。3人だと1人が外れ者になるおそれがある。5分なり，10分なりたった時点で，組み替え（シャッフル）を行う。シャッフルを何度もくり返していく。唯一のマナーは，「あなたの偏愛しているそれって最悪，わたし大キライ」などとはっきり言ってしまわないことである。筆者が大学生に実施したところ，最初は緊張するがけっこう盛り上がりをみせていた。工夫すれば，学校や学級間の交流会，新編成の学級内交流，歓送迎会，会議の前，家族の団欒など，さまざまな場面で実施できると思う。

　各種の治療的技法も工夫や使い方によっては開発的支援とすることができる。たとえば，エゴグラムも開発的支援としてよく用いられている。同様の視点から，本章では偏愛マップも紹介してみた。教師が身につけている技法をいろいろと開発的に工夫してみることもおもしろいかと思う。

第4章 教育相談に役立つさまざまな心理療法

　心理療法の技法のなかには使い方によっては教育相談で役立つものが少なくない。ここでは，たくさんの技法を網羅的に述べることをせず，それらのうち教育相談に役立つ部分をピックアップするかたちで述べてみたい。それぞれの理論に関心のある読者のために，章末に若干の推薦図書を付すことにした。

1　精神分析

　フロイト（Freud, S.）の登場によって，それまで謎とされてきた無意識までを含めた人間の心が説明されるようになった。また，精神分析という対話による精神療法の道が開かれ，それ以後の心理療法に大きな影響を与えてきた。ここでは構造論と症状の意味について考えてみたい。
　フロイトは，人間の心を自我，エス，超自我の3部門に分けて，それら相互の力動的な関係を考えていこうとした。これを構造論という。
　エスとは，人間の本能衝動よりなる。エスは，「快楽原則」（不快を避け，快を追求しようとする）に従って行動するため，自我や超自我との心的葛藤が生じる。
　自我は，現実吟味・合理的思考などの機能をもち，人格の安定を維持しようとする。「現実原則」（外界・現実の要請に従うこと）によって動こうとするため，エスと対立する。
　超自我は，幼児期の両親のしつけや社会道徳などが内在化されてできたものである。超自我は，自我のはたらきや本能衝動が社会規範などに違反することのないように監督するはたらきをしている。この3者の力動的絡み合いが人

格形成に大いに関係している。

ところで，自我は人格の安定を維持するために，エスからの衝動，超自我の要請，外界からの現実的要請を調整しなければならない。しかし調整しきれないほどの衝動（たとえば近親相姦願望）や経験（死にそうなショック）があった場合には，防衛機制を（無意識的に）発動して，心の安定を保とうとする。この防衛機制には，退行（現実の発達段階よりも以前の発達段階に戻る），反動形成（自分の本当の気持ちとは正反対の態度をとる），投影（自分の負の感情や欲求を他人に見出し自分の不安を解消する），転移（特定の人への感情をよく似た人に向けかえる）などがあるが，代表的なものが抑圧（受け入れがたい苦痛な感情・記憶などを意識から閉め出す）である。

抑圧された感情は，解放されるのを待っている。時には，もとの感情（X＝不快感情）から，別な形（Y＝症状）に変わって，防衛の監視をくぐりぬけて出ることがある。これが神経症である。そこで，（X）の感情を，そのまま語ることができれば，もはや別な形（Y＝症状）に変わって出る必要がないので，症状はなくなるはずである。そのためフロイトは，患者が心に浮かんだことを自由に話しやすいように自由連想法を導入した。

他にもフロイトは人間の適応や発達についても深い検討を加えている。精神分析を学ぶことで，われわれは人間の心理や行動について深い知見を得ることができるので，生徒の一見不可解な言動についても，その意味を読み取ることができるようになる。

2　ユングのタイプ論

分析心理学の始祖であるユング（Jung, C. G.）は，人間を8つの基本類型（タイプ）に分けた。タイプに分けることの意味は，個人の人格に接近するための方向づけを与える「座標軸」の設定である（「分類箱」の設定ではない）。

ユングはまず人間の外向性と内向性を取り上げた。外向的とは，他者や環境に合わせて自分の態度を決定する。内向的とは，内界の自分の考えたこと，感じたことに関心が向けられる。内向的な人は子どものときに損をすることが多

い。友人をつくりにくく，理解されず，教師にもなじみにくい。そのため，せっかくの能力がゆがめられることがある。教育相談においてはその点を心得た配慮が必要である。

ユングは，外向・内向のほかに，4つの心理機能（心の活動形式）を考えた。

・思考機能：対象を論理的に理解する。
・感情機能：対象を"好き・嫌い"，"快・不快"で判断する。
・感覚機能：視角・臭覚・味覚など五感をとおした知覚的な把握。
・直感機能：事物そのものよりも，その背後にある可能性を知覚する。

そして，外向・内向と4つの心理機能とを組み合わせれば，8つの基本類型（タイプ）ができる（表4-1）。ただし，生身の人間には，純粋型はなく，いろいろな機能が絡み合っていることに注意されたい。

現代は，外交的思考型や外交的感情型が重宝されている時代である。就職のため，無理に違うタイプの人間になろうと苦労している学生もいる。しかし性格の各タイプに優劣はない。むしろ，自分のタイプの長所や短所を知り，それらをより高い次元に統合していくことが自分を豊かにする道である。それをユングは個性化（自己実現）への道とした。教育相談においても，生徒の特性を

表4-1　ユングの8つのタイプ（河合，1967より作成）

	思考	感情	感覚	直感
外向的	<外向的思考型>客観的な外的事実によって，一般的に受け入れられる図式を作り，これに従っていこうとする。	<外向的感情型>自分の気持ちに従ってそのまま生きておりながら，環境の要求と一致しているのでスムーズに行動していける。	<外向的感覚型>リアリストそのもの。客観的事実をそのままに受け取って，その経験を集積していくタイプ。	<外向的直感型>外的なものに，多くの人が認める価値ではなく，可能性を求めて行動する。
内向的	<内向的思考型>周囲の思惑に関係なく，内的な見解に関心をもち，独創的な見解を見出すことを得意とするが，人によっては，独りよがりになる。	<内向的感情型>「静かな水は深い」ともいえる人。外から見るとひかえめであるが，内面に，深い同情や，こまやかな感情をもっている。	<内向的感覚型>外界からの刺激はきっかけで，それを受けとめる主観の態度に依存する。外から見ると，不可解な場合がある。	<内向的直感型>自分の内界に可能性を求めて，イメージの世界を歩き回っている人。周囲に理解されがたく，不可解で，非生産的，自信がないなどと，過小評価される。

知り，弱点を補い，長所を伸ばしていけるような支援をしたい。

3　交流分析

　交流分析（TA: Transactional Analysis）は，エリック・バーン（Berne, E.）の創始で，お互いに反応しあっている人々の間で行われている交流を分析するものである。TAの考えの1つに，「過去と他人は変えられない」というのがある。相手を変えるより，自分に気づき，自分を変えることが先決である。ここでは，P・A・Cを用いて私たちの人格の構造を学ぶ構造分析について解説する。

　人には，3つの自我状態が存在している。自我状態とは，1つのまとまった反応様式であり，ふつう，それに結びついた行動をともなう（図4-1）。
P：親的な自我状態（Parent）…実際の親から取り入れられた部分。
　①批判的なP（CP: Critical Parent）は，規則を教えるが，批判や非難も行う。また，良心や理想と関連する。CPが強すぎると，尊大で，支配的になる。
　②保護的なP（NP: Nurturing Parent）は，親切，思いやり，寛容な態度を示す部分である。親身になって人の面倒をみる。スムーズな人間関係には必要な部分。
A：大人の自我状態（Adult）…事実に基づいて物事を判断しようとする部分。知性や理性と関連し，合理性，生産性，適応性をもつ。感情をもたない部分。
C：幼児的な自我状態（Child）…幼児的，感情的部分。本能や衝動，生来の素質や直観力。自己中心性と依存性が特徴。
　①自由なC（FC: Free Child）は，もって生まれた自然な姿に近いかたちでふるまう部分である。直観力，空想力，万能感なども，自由なCに属

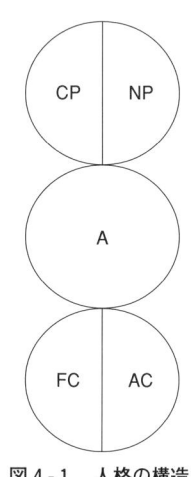

図4-1　人格の構造

する。過剰なFCは，自分にブレーキをかけられない。

②順応したC（AC: Adapted Child）は，親の影響を強く受けてつくられた部分。過剰なACは，本当の感情を抑圧して「イイ子」になったり，現実を回避して自閉的になったりする。ストレスを身体症状として表現することもある。

自分の感情，考え方，行動をP・A・Cに基づいて，自己分析できる。①どれが主導権を握っているか，②自分のP・A・Cは生活にマッチしているか，③自分のP・A・Cは，年齢相応のはたらきをしているかなどで，考えていく。第9章のエゴグラムも参照されたい。

4 行動療法

行動療法は，不適応行動（症状）は学習によって形成されたものであり，治療は学習された問題行動を消去し，新たな適応行動を学習しなおすことであるという考えに立つ。問題を客観的に分析し，スケジュールをたてて治療していくという方法をとっており，支援は客観的・具体的に行われる。学校で不登校の援助などによく使われている行動療法の技法として，系統的脱感作法，モデリング法，オペラント条件づけ法などがある。

行動療法の「行動」とは，「なんらかのかたちで具体的にとらえた精神活動すべてをさす。行動療法の基本的な特徴は，①行動に焦点を当てている，②行動の変容を治療の目標にしている，③治療の方法は対象になった行動ごとにそれぞれ検討される，④治療しやすいところから治療しやすいように治療を進める，である（山上，1997）。

行動療法は，強迫性障害や不安障害に効果を発揮してきたが，それ以外の多方面（生活訓練，親教育など）でも適用されている。ここでは，教育相談において参考になるものをいくつかあげておく。

1．系統的脱感作法

不安（ないし恐怖や緊張）反応に対して，それを軽減するような条件づけを

行い，徐々に不安に慣れさせていく方法である。方法は次のような手順となる。
　①不安に対抗できる方法を習得する。このときに，漸進的筋弛緩法や自律訓練法が多く用いられている。
　②不安を感じる場面をリストアップし，不安の程度を生徒自身に数値で評定（0点：全く大丈夫〜100点：非常に苦痛）させたSUD（主観的障害単位）を用いて，得点の低い順に並べる「不安階層表」を生徒とともに作成する。
　③イメージや不安の場面で，得点の低いものから順に不安を消去する。
　生徒を不安の対象に接近させる際には，教師や保護者の暖かいはげましや支援が必要である。

2．暴露反応妨害法

　暴露反応妨害法を強迫性障害の治療で説明してみよう。「暴露法」とは，苦手と感じてこれまで恐れたり避けたりしてきたことに，あえて立ち向かうことである。たとえば，汚いと思っていたものに触る，外出が心配でも鍵を閉めて外に出るといった行動を，不安が下がるまで続けて行う。実際に治療では，できそうなものからむずかしいものへと段階をあげて少しずつ行う。「反応妨害法」は，これまで不安を下げるためにしてきた強迫行為を，あえてしないことである。たとえば，何かをした後で手を洗わない，ドアの鍵をくり返し確かめない。こういう強迫行為をしない状態を持続すると必ず不安は下がってくる。そして，暴露法と反応妨害法を組み合わせると最も効果が高くなる。

5　自律訓練法

　シュルツ（Schultz, J. H.）によって体系化された自律訓練法は，神経症や心身症の治療法として発展してきた。心理的変化とともに生理的変化が重視されるもので，方法も体系化されている。
　練習は，椅子姿勢か仰向け。はじめは集中できる場所がよいが，慣れてくると電車の中でも可能になる。まず背景公式「気持ちが落ち着いている」があり，

そのうえに第1公式，第2公式と積み重ねていく。第1公式（重感練習）は「右腕（利き腕から）が重たい」であり，重たい感じが出るまで練習する。重たい感じが出たら，「気持ちが落ち着いている」「右腕が重たく，左腕が重たい」と重ねていく。同様に，両腕，両脚へと進む。次に第2公式（温感練習）「両腕・両脚が温かい」を同様の方法で重ねていく。慣れてくると，「気持ちが落ち着いている」「両腕・両脚が重たい」「両腕・両脚が温かい」とまとめてスムーズに実施できるので，数分ですむ。公式は全部で7つあるが，途中の心臓調整練習には配慮が必要なこともあり，他方でこの2段階をマスターすれば約7割の効果はあるとされているので，筆者はもっぱら第2段階までを実施している。まず参考書で調べてぜひ挑戦してみてほしい。

6　論理行動療法（論理療法）

　論理行動療法（論理療法）の創始者は，アルバート・エリス（Ellis, A.）である。論理療法とは，人がある出来事に対して悲しんだり悩んだりするのは「～すべきである」という不合理な思い込みに支配されているからであるとする。その誤った思い込みを捨てて，「できれば～にこしたことはない」というもっと合理的な考え方へと修正していくのを助けることによって悩みをなくさせる心理療法である（小林，1993）。

　論理行動療法では，A−B−C理論（A−B−C−D−E理論とよぶこともある）が用いられる。

①A（activating event）：人生の出来事や状況。
②B（belief）：個人がもっている信念の体系。
③C（consequence）：ビリーフがもたらす感情的および行動的結果。
④D（dispute）：論駁。
⑤E（effect）：効果。

　たとえば，だれかから馬鹿にされた（A）→その結果，腹が立った（C）。それは個人の信念の体系（B）が，「馬鹿にするべきでない」「馬鹿にされることはとんでもないことだ」といったものであるからだ。その（C）に対して論駁

し，イラショナル・ビリーフ（irrational belief：非合理的な信念体系）をラショナル・ビリーフ（rational belief：合理的な信念体系）に変えていく（E），というものである。イラショナル・ビリーフとは，「〜ねばならない」「〜べきである」「〜して当然である」といったものであり，ラショナル・ビリーフは，「できるなら〜であるにこしたことはない」というもの，たとえば「できるなら大事な人から尊重されたい。しかしそうでないとしたら残念ではあるが，この世の終わりというわけではない」といったものである。

論理行動療法の治療過程の概略は，問題について聞き，Cを査定し，原因はCにあることを理解する。そして，A−B−Cの関連を調べ，ビリーフを査定し，イラショナル・ビリーフとCを関連づける。次に，「すべての状況において，"ねばならない"である証拠はどこにあるのですか？」といったようにイラショナル・ビリーフを論駁して，クライエントが，ラショナル・ビリーフへの確信を深めるようにする。そしてラショナル・ビリーフに変えていく。それを実践するよう勇気づけ，くり返し練習する。

教師は「べきである」思考が強いので，思わぬうちに生徒に「べき」の世界を強要しているかもしれない。まず自分のビリーフを査定してみることを勧めたい。

7　認知行動療法（認知療法）

認知行動療法は，人が抱く感情には，物事に対する見方や考え方など（認知）が関係しており，不安や抑うつといった不快な感情は，認知のゆがみによって生じるとする。

人が不安になるときには，自分の意思に関係なく瞬間的にある感情やイメージが浮かんでくる。これを自動思考とよぶ。自動思考の背景には，（無意識化された）一貫した認知的構え（スキーマ：schema）がある。その認知のゆがみが作用して不快な感情が生じる（表4−2）。認知行動療法は，この認知のゆがみを分析し修正する。つまり，ある状況で，動揺したり不安な感情が生じたとき，そのつど，どのような自動思考があったのかを検討し，合理的な考え

表4-2 認知のゆがみの種類 (Burns, 1991)

全か無か	物事を白か黒のどちらかで考える思考法。
一般化のしすぎ	たった1つのよくない出来事があると，世の中すべてこれだ，と考える。
心のフィルター	たった1つのよくないことにこだわって，そればかりくよくよ考え，現実をみる目が暗くなってしまう。
マイナス化思考	なぜかよい出来事を無視してしまうので，日々の生活がすべてマイナスのものになってしまう。
結論の飛躍	根拠もないのに悲観的な結論を出してしまう。
拡大解釈（破滅化）と過小評価	自分の失敗を過大に考え，長所を過小評価する。逆に，他人の成功を過大に評価し，他人の欠点を見逃す。
感情的決めつけ	自分の憂うつな感情は現実をリアルに反映している，と考える。「こう感じるんだから，それは本当のことだ」
すべき思考	なにかやろうとするときに「～すべき」「～すべきでない」と考える。
レッテル貼り	ミスを犯したとき，自分は落伍者だとレッテルを貼る。相手に対しても同じ。
個人化	何かよくないことが起こったとき，自分に責任がないような場合にも自分のせいにしてしまう。

を記入する。そして合理的な考えが自分のものになるように，何度も復唱する。

　認知行動療法は，うつ病に有効であるが，パニック障害や不安障害などにも適用範囲が拡大している。認知行動療法は治療だけでなく，生徒の認知を修正してより楽な生活に導くためにも役立つと思われる。

8　家族療法

　家族療法は家族を1つのまとまりをもったシステムとみなし，家族が抱える心理的問題を対象にする。「家族は各個人の寄せ集めではなく，単位として機能している」ものである。こういうことはたとえば，「登校拒否が始まってから，両親が登校拒否を話題に夫婦ともに苦しみ，そして，話し合うようになったため，それまで持ち上がっていた離婚話が消えた」（石川，1990b），など，枚挙にいとまがない。思春期・青年期の疾患が家族とかかわりをもっていると思われるのは，「親や兄弟が困るような症状を患者（子ども）が選ぶと考えられる場合が多い」（学校に行かぬことを喜ぶ親なら子どもは不登校でなく非行

に走る）こと（石川，1990a）からもうかがわれる。

　システム論的な家族療法では，IP（Identified Patient：その家族内で問題があるとされた人）と他の家族成員との情緒的関係のパターンや行動レベルの相互作用に注目し，家族の枠組みを変えるなどにより，そのゆがみを改善するように取り組む。個人が治療対象ではないので，個人の症状の問題を追求したりはしない。つまり，その１人を個人としてみるか，家族の一員としてみるかということであり，「家族全体を考えに入れて進めるかどうかという治療者の姿勢」（石川，1990b）があれば，家族全員を対象にしなくてもできる。このような視点は，教育相談においても相当に役立つものと思われる。

9　ブリーフ・セラピー（ブリーフ・カウンセリング）

　ブリーフ・セラピー（短期療法）は，ミルトン・エリクソン（Erickson, M. H.）に端を発する心理療法理論である。ブリーフ・セラピーは，できる限りセッション回数を少なくするセラピーのことである。ブリーフ・セラピーにはいくつかの流れがある（MRI，戦略派，ソリューション・フォーカスト・アプローチ（solution focused approach: SFA），ナラティブ・セラピーなど）が，焦点化された目的的な方法で一定の概念や原則を計画的に用いるところに特徴がある（Cooper, 1995）。

　学校においても適用性の高いアプローチであり，スクレアー（Sklare, 1997）は，比較的習得しやすく，問題の解決と生徒が生み出した解決を強調すること，学校場面で援助がなされることなどから，ブリーフ・カウンセリングとよんだほうがよいかもしれないという。

　ここでは，スクレアー（Sklare, 1997）による，ソリューション・フォーカスト・アプローチの方法を簡単に紹介しておく。
●ブリーフ・カウンセリングの３つのルール
　①うまくいっているなら直すな。
　②うまくいくとわかったら，もっとせよ。
　③うまくいかなければ，２度とやるな。何か別のことをせよ。

●アプローチ
①うまくいくところに目を向けていけば利益をもたらす変化が生じる。
②どんな問題にも例外が見つかるので、それを解決にかえることができる。たとえば、人間関係がうまくいかない場合に、うまくいったときを見つける。
③小さな変化はさざ波のように広がり、より大きな変化になっていく。
④クライエントは誰でも自分の抱える困難を解決するために必要なものをもっている。
⑤クライエントの目標をポジティヴにみる。

●ロードマップとなる考え方
①問題の分析を避ける。
②効率的な介入をする。
③現在と未来に目を向ける。
④洞察ではなく行動に焦点を合わせる。

教育相談でもこのような視点を導入すると、実り多い結果をもたらすと思う。

10 箱庭療法

　箱庭療法は、ユング派の理論に基づいてカルフ（Kalff, D.）が発展させたものである。カルフは、箱庭療法の場としての「自由にして保護された空間」における母子一体感のなかで、自己治癒力がはたらいてくるものとした。わが国には、河合隼雄によって紹介された。

　砂箱は57×72×7（cm）であり、ちょうど視野に入る大きさで、砂は一般的には灰色を使う。水が出てくる感じを出すために内側は青く塗られている。玩具はとくに指定はない。人、動物、木、花、乗り物、建築物、橋、柵、怪獣などを使うが、大きさをそろえる必要はない。

　「この砂と玩具を使って、何でもいいから、作ってみてください」と教示して開始する。無理強いはしない。自由度が高いことが治療には必要である。

　箱庭の見方であるが、①系列的に見る（治療過程のすべての作品を見ると流

れをよく理解できる。その際，統合性，空間配置，主題，などの点から見ていく），②イメージとして見る（イメージは，具象的で，直接的な表現である。心のいろいろな要素が集約的に作品として示される），言語化を急がない，③段階を見る（植物的，動物的段階→闘争の段階→集団への適応の段階へと進むことが多い），④断定的解釈を避ける（クライエントと，ともに感じ，ともに味わっていく態度が大切），ということがあげられる。

箱庭療法は学校にも多く導入されつつある。言語表現が苦手な生徒にも実施できる，症状を悪化させない，箱庭療法をすることで特にはたらきかけをせずとも回復していく場合もあるなど，利点の多い技法であるので，もっと挑戦してほしい。

心理療法はマスター・セラピストについて研修する必要がある。では教師はどうするか。心理療法のさまざまな考え方を取り入れて自分の教育相談体系に入れ込んで生かしてほしい。そのためのお勧めの方法は，問題に遭遇するたびにそれに関連する理論などを調べ，具体的な事例に即してマスターしていく方法である。

心理技法を学ぶための推薦図書

【精神分析】
①福島　章　1986　『精神分析で何がわかるか―無意識の世界を探る』　講談社
②宮城音弥　1975　『フロイト―その思想と生涯』　講談社
③小此木啓吾・馬場謙一（編）　1977　『フロイト精神分析入門』　有斐閣
④立木康介　2006　『面白いほどよくわかるフロイトの精神分析』　日本文芸社
⑤中西信男・葛西真記子・松山公一　1997　『精神分析的カウンセリング―精神分析とカウンセリングの基礎』　ナカニシヤ出版
＊①は実例に即しており治療の全貌がわかりやすい。②③はコンパクトにまとまっている。④はハウツー本のようでいて，内容のレベルは高くてわかりやすく，お勧めである。⑤は精神分析的なカウンセリングがわかりやすく述べられている。

【ユング心理学】
①河合隼雄　1967　『ユング心理学入門』　培風館

＊日本人初のユング派分析家の資格を得た河合の著。入門書として定評がある。

【交流分析】
①杉田峰康　1985　『講座サイコセラピー　第8巻　交流分析』　日本文化科学社
②杉田峰康　1990　『交流分析のすすめ―人間関係に悩むあなたへ』　日本文化科学社
③ステュアート, I.・ジョインズ, V./深沢　道子　（訳）1991　『TA TODAY 最新・交流分析入門』　実務教育出版
④グルーディング, M. M.・グルーディング, R. L./深澤道子（訳）　1980　『自己実現への再決断―TA・ゲシュタルト療法入門』　星和書店
＊交流分析の入門書としては①②，本格的な教科書としては③がお勧めである。クライエントが脚本から解放されるためには，かつて親から与えられた生き方から脱出して「今，ここ」を生きようという"再決断"をする必要があるとする④が参考になる。

【自律訓練法】
①佐々木雄二　2008　『自律訓練法　新装版』　ごま書房
＊実践するにあたって細かくていねいな解説がされており，入門書としてわかりやすい。

【論理行動療法】
①日本学生相談学会（編）　1989　『論理療法に学ぶ』　川島書店
＊創始者であるエリスの来日講演・ワークショップなどをもとにして，その理論・技法を紹介している。

【認知行動療法】
①井上和臣　1997　『心のつぶやきがあなたを変える―認知療法自習マニュアル』　星和書店
②大野　裕　2003　『こころが晴れるノート―うつと不安の認知療法自習帳』　創元社
③バトラー, G./勝田吉彰（訳）　1993　『不安，ときどき認知療法…のち心は晴れ』　星和書店
＊①は認知療法が順序だてて学べるようになっている。②は治療にも使える内容であるが，自己変容にも使えるもの。③は豊富な例が理解の助けになり，わかりやすい。

【家族療法】
①東　豊　1993　『セラピスト入門―システムズアプローチへの招待』　日本評論社
②東　豊　1997　『セラピストの技法』　日本評論社
＊いずれもシステムズ・アプローチの治療例が見事に示されており，一読を勧めたい。

【ブリーフ・セラピー（ブリーフ・カウンセリング）】
①スクレア, G. B./市川千秋・宇田　光（編訳）　2000　『ブリーフ学校カウンセリング』　二

瓶社
＊教育現場でのブリーフ・セラピーをステップごとに示し，コンパクトにまとまっている。

【箱庭療法】
①河合隼雄　2000　『箱庭療法入門』　誠信書房
②河合隼雄・中村雄二郎　1984　『トポスの知―箱庭療法の世界』　TBSブリタニカ
＊①をまず読んで，その後②を読むと，箱庭療法がよく理解できる。

【来談者中心カウンセリング】
①Rogers, C. R.　1989　*On Becoming a Person: A Therapist's View of Psychotherapy*. Houghton Mifflin. ロジャーズ, C. R.／末武康弘・保坂　亨・諸富祥彦(訳)　2005　『ロジャーズ主要著作集3　ロジャーズが語る―自己実現の道』　岩崎学術出版社
②Rogers, C. R.　1942　*Counseling and psychotherapy*. Houghton Mifflin. ロジャーズ, C. R.／保坂　亨・諸富祥彦・末武康弘(訳)　2005　『ロジャーズ主要著作集1　カウンセリングと心理療法―実践のための新しい概念』　岩崎学術出版社
③Rogers, C. R.　1951　*Client-centered Therapy*. Houghton Mifflin. ロジャーズ, C. R.／諸富祥彦・末武康弘・保坂　亨(訳)　2005　『ロジャーズ主要著作集2』　岩崎学術出版社
④諸富祥彦　1997　『カール・ロジャーズ入門―自分が"自分"になるということ』　コスモ・ライブラリー
＊カウンセリングが盛況の時代であるが，原著を読んでいる人は意外に少ない。まず①を読んで，次に②から③へと読んでいくと，ロジャーズの考えがよく理解できる。その際，④が簡明な手引きとなろう。

【面接のための参考書】
①東山紘久　2000　『プロカウンセラーの聞く技術』　創元社
②土居健郎　1992　『新訂　方法としての面接―臨床家のために』　医学書院
③神田橋條治　1990　『精神療法面接のコツ』　岩崎学術出版社
④神田橋條治　1994　『追補　精神科診断面接のコツ』　岩崎学術出版社
⑤河合隼雄　1970　『カウンセリングの実際問題』　誠信書房
＊面接のための本は多い。①は「聞く」とはどういうことかがわかる好著。②～④は，初心者には難解であろうが，実務家必読の名著。⑤は，カウンセリングをする際に遭遇する多くの問題について解きほぐした名著で，教育相談にも役立つものが多い。

第2部
教育相談の理論

第5章 パーソナリティ

1 パーソナリティという概念

　私たちの身のまわりにはさまざまな個性をもった人たちが存在しており，その人たち一人ひとりの言動は，さまざまな場面において，ある程度安定して一貫しているように感じられる。自分の知人の言動に認められるその人らしさは，これまで続いてきたものであり，これからも大きくは変わらず続いていくと思われる。このように，その人らしさを特徴づけるもの，人間の言動の個人差，一貫性，安定性をさしてパーソナリティ（personality）という概念が用いられる。

　現代の心理学におけるパーソナリティの定義は，「個人が独自に示す，時間的・状況的にある程度一貫した行動パターンと，それを生み出す心理学的構造」というものが一般的である。パーソナリティに関連する心理学用語には，「人格」「気質（temperament）」「性格（character）」がある。「人格」は一般にpersonalityの訳語として用いられるが，「人格者」という言葉のように道徳的価値判断が入りやすいので，心理学の世界においては，「パーソナリティ」という表現が好まれる傾向にある。気質という用語は，パーソナリティのうち遺伝的影響が大きく，幼少時から認められるものをさして用いられることが多い。日本の心理学における用語法では，パーソナリティと性格との意味的な違いは明確ではなく，互換的に用いられている。

2 心理学におけるパーソナリティ理論の歴史—類型論と特性論

1．類型論

　パーソナリティの類型論とは，人間のパーソナリティにいくつかの典型的な類型（タイプ）を設定し，個人をそれらの類型のどれかに当てはめることでパーソナリティを表現・理解しようとするものである。類型論的発想は歴史的には古代ギリシア時代にまでさかのぼることができるが，パーソナリティ研究のアプローチとしては20世紀前半のドイツを中心に発展した。「彼は○○なタイプだ」という言い方にみられるように，類型論的な見方は，日常生活のなかで私たちが自分や他者のパーソナリティを理解する際の枠組みに近く，なじみやすく理解しやすい。近年流行した血液型性格診断などは，科学的な根拠がきわめて乏しいものの，考え方自体は類型論であるといえる。パーソナリティ研究の歴史において，いくつもの類型論が提唱されてきたが，以下にその代表的なものを紹介する。

（1）クレッチマーの体型による類型論

　クレッチマー（Kretschmer, E.）は，多くの精神疾患の患者を観察しているうちに，精神疾患と体型に関連があると直感した。クレッチマーが調査を行ったところ，統合失調症の患者には，やせ（細長型），躁うつ病の患者には肥満，てんかんの患者には筋肉質（闘士型）が多いことが明らかになった。その後，さらに，精神疾患をもたない一般の人においても，パーソナリティと体型の間に精神疾患患者に似た関係があることが認められた。すなわち，細長型の人は統合失調症患者と類似した気質傾向（分裂気質），肥満型の人は躁うつ病患者と似た傾向（躁うつ気質），闘士型の人はてんかん患者と似た傾向（粘着気質）をそれぞれもつというものである。表5-1のように，分裂気質は「非社交的，静か，控えめ」などの特徴があり，躁うつ気質は爽快と憂うつの両極の気分を変動するもので，「社交的，善良，親切，躁うつ」といった特徴があるとされる。粘着気質は，「頑固，自己主張が強い，融通がきかない」が特徴としてあげられている。現在でも，クレッチマーの説は心理学のテキストによく記載さ

表5-1 クレッチマーの類型論（宮本，1995）

体型	気質		性格の特徴
	分裂気質	（全般特徴）	非社交的，静か，控えめ，まじめ，変人
		（過敏性）	臆病，恥ずかしがり，神経質，興奮しやすい
		（鈍感性）	従順，気立てよし，正直，落ち着き，鈍感，愚鈍
	躁うつ気質	（全般特徴）	社交的，善良，親切，温厚
		（躁状態）	明朗，ユーモアあり，活発，激しやすい
		（うつ状態）	寡黙，平静，陰うつ，気が弱い
	粘着気質	（全般特徴）	頑固，自己主張が強い，融通がきかない
		（粘着性）	ねばり強い，几帳面，注意持続する
		（爆発性）	激怒する，騒ぎを喜ぶ，闘争欲

れているが，体型とパーソナリティを結びつけたその見解は必ずしも支持されておらず，実際に体型とパーソナリティとの関連を検討しても明確な関連はみられないとされている。

(2) ユングの向性論

第4章でも述べたが，ユング（Jung, C. G.）は，リビドー（心的エネルギー）の方向性によって2つの類型を考えた。外向型と内向型である。外向型とは，心的エネルギーが，自分の外側（周囲の人やものなどの客観的な世界）に向いているものであり，内向型とは，心的エネルギーが，自分の内側（自分の内面などの主観的な世界）に向いているものである。外向型の人は，外界からの刺激に影響されやすく，環境に順応する傾向が強く，社交的，積極的で行動力に富むとされる。一方，内向型の人は，自分自身の世界観をもっており，簡単に他人に迎合しないので，人づきあいが悪いという印象を与えやすいとされる。ユングの場合，実際には，外向・内向の2類型と思考・感情・感覚・直感の4つの心理機能が組み合わされ，計8類型が設定される。

(3) その他の類型論

シュプランガー（Spranger, E.）は，個人のもつ人生の目標・価値によって6つの類型（理論，経済，審美，権力，宗教，社会）を考えた。また，アメリカのシェルドン（Sheldon, W. H.）は，体型を内胚葉型（太っている），中胚葉型（筋肉が発達している），外胚葉型（細い）に分類し，それぞれ，内臓緊張

(社交的，リラックスしている），身体緊張（精力的，競争的），頭脳緊張（引っ込み思案，抑制されている）の3気質と対応があると述べた。シェルドンの説は，クレッチマーの説を統計処理によって洗練したといえるが，その後の研究ではクレッチマーの説と同様に必ずしも支持されていない。

2．特性論

(1) 特性論の考え方

　パーソナリティの特性論とは，パーソナリティはいくつかの特性（要素）から構成されると考え，個人がそれぞれの特性をどの程度もっているかによってパーソナリティを表現・理解しようとするものである。類型論がドイツを中心としたヨーロッパ諸国で発展したのに対して，特性論はイギリスおよびアメリカで，因子分析という統計手法の導入とともに大きく発展した。

　特性論では，パーソナリティは，几帳面や神経質といった個々のパーソナリティ特性がどれくらい強いかという程度の問題としてとらえられ，個人間のパーソナリティの相違は程度の問題であって質の問題ではないと考えられる。特性論では，各人があるパーソナリティ特性をどの程度もっているかを数量的に測定でき，パーソナリティ特性は数値という客観的なかたちで表現することが可能である。パーソナリティの個人差は，特性プロフィールとよばれる折れ線グラフ状の図として表現されることも多い。また，測定したパーソナリティ特性は量として表現されるため，統計的な分析も行いやすい。特性論は心理学の数量的な研究になじみやすく，因子分析など統計手法の開発やコンピュータの発展とともに大きく発展した。

(2) オールポートによる特性論研究の萌芽

　オールポート（Allport, G. W.）は，場面を越えてある程度一貫した行動傾向を「特性」とし，これをパーソナリティの構成単位とした。オールポートは，一人ひとりに固有の特性を「個別特性」，人びとに共通する特性を「共通特性」と名づけた。現在の心理学の研究でいうパーソナリティ特性は，オールポートでは共通特性にあたる。

(3) キャッテルの根源特性

　キャッテル（Cattell, R. B.）は，パーソナリティ特性は外部からの観察が可

能な行動的特徴である表面特性と，その背後にある根源特性からなると考え，根源特性こそがパーソナリティ特性の基本型だとした。キャッテルは，オールポートらの先行研究の特性を表現する言葉を整理してまとめ，因子分析などを用いて，最終的に，服従性－支配性，保守性－急進性，集団志向－自己充足性，低知能－高知能などの16の根源特性を見出した。

（4）アイゼンクにおける特性論と類型論の融合

　キャッテルの根源特性に対して，アイゼンク（Eysenck, H. J.）は，類型論の考え方を取り入れながら，パーソナリティ特性の基本的次元は，外向性－内向性と神経症的傾向の2次元，後に精神病傾向を入れた3次元からなるとした。外向性－内向性は，個人の基本的な心理的方向性が自分の内面に向いているか外の世界に向いているかの程度を表すものである。神経症傾向は，不安で神経質，不健康であるか，よく適応できているかの程度を表し，精神病傾向は衝動のコントロール性と関連している。アイゼンクは，これらの因子を類型とよび，類型の下に特殊反応，習慣反応，特性があり，パーソナリティは4つの層（水準）からなると考えた（図5-1）。特殊反応とは日常みられる行動で，習慣反応とは類似した場面で共通して出現する行動，特性とは習慣反応に共通性をもたらすものである。特性の背後にあり，特性をまとめあげるものが類型ということになる。

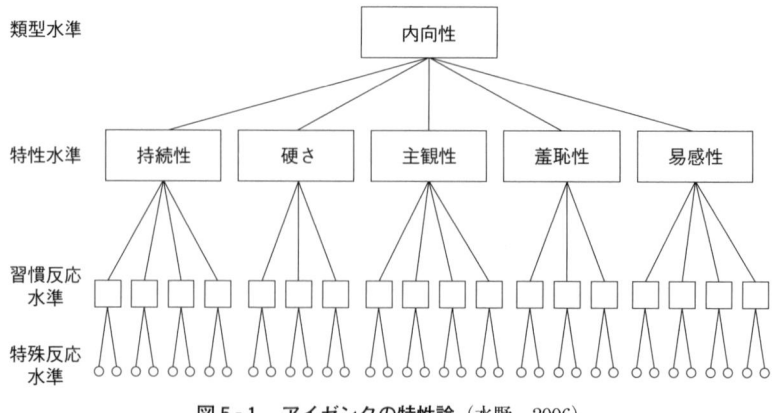

図5-1　アイゼンクの特性論（水野，2006）

3．類型論と特性論の比較

　以下に類型論と特性論の長所と短所について比較検討する。類型論は，特定の個人のパーソナリティを簡潔に記述でき，人物像を統一的・全体的に理解できる点ですぐれている。類型論の短所としては，同じ類型の人を画一化してしまう，中間的な特徴をもつ人やいくつかの特徴をあわせもつ人を無視しやすいという点があげられる。いくつかの類型にまたがるような特徴が1人の人間のなかに併存することも多いが，ある類型に強引に分類してしまうと，その類型が示す特徴のみが注目され，他の特徴が見落とされることになってしまう。

　一方，特性論ではパーソナリティ特性を量的にとらえるため，客観的な表現が可能であり，個人のパーソナリティを細かく多面的にとらえることができる。しかし，このことはパーソナリティに関する情報量が多くなりすぎてしまい，個人の全体的なパーソナリティ像の把握を困難にするという短所になることもある。

　パーソナリティの古典的な研究では類型論的な研究が多く，因子分析を中心とした数量的な研究方法の発展とともに1960年代以降には特性論が優勢となったが，最近の研究では特性論をふまえたうえで類型論的な視点を取り入れる場合が多い。類型論と特性論は，パーソナリティを把握する対立するアプローチとしての側面もあるが，両者は一長一短があり，どちらがすぐれているというよりも，目的に応じて使い分けるなど，パーソナリティ理解において相互補完的なものであるといえる。

3　近年のパーソナリティ研究の動向

1．パーソナリティの状況論および人間－状況論争

　類型論も特性論も，私たちのパーソナリティが状況を越えてある程度一貫しており，類型や特性を用いてパーソナリティを記述することで，その人のさまざまな状況における行動を理解・予測できると考えるものである。1960年代

の終わり頃，このパーソナリティの通状況的一貫性（状況が変わっても変化しない）という前提に疑問を呈したのがミッシェル（Mischel, W.）である。ミッシェルは，人の行動はその人のパーソナリティではなく，その時の状況によって決まるというパーソナリティの状況論を提唱し，パーソナリティと行動の間には一貫性がないと主張した。

　ミッシェルによる問題提起以後，人の行動がパーソナリティのような内的要因によって決まるのか，それとも状況のような外的要因によって決まるのか論争が続いた。これが人間－状況論争である。この論争は，内的要因，外的要因のいずれか一方のみが行動を決定するのではなく，両者が相互作用しあうというパーソナリティの相互作用論を生み，人のパーソナリティを正しく理解するためにはそうした相互作用全体に注目すべきであるという見解に達して終息した。ただし，人間－状況論争後も，類型論や特性論を越える新たなパーソナリティ理論の枠組みが生み出されたわけではなく，類型論や特性論は依然としてパーソナリティ研究を支える主要なアプローチとなっている。

2．ビッグ・ファイブ（Big Five）説

　パーソナリティのビッグ・ファイブ説（5因子説）は特性論的パーソナリティ研究の系譜に位置づけられるもので，パーソナリティは5つの特性（因子）で十分に説明できるというものである。ビッグ・ファイブ説は1940年代の終わり頃に提唱され，現在まで多くの研究が行われてきた。ビッグ・ファイ

表5-2　ビッグ・ファイブ説における5つの特性（小塩・中間，2007）

名　称	内　容
神経症傾向，情緒不安定性［Neuroticism］	気分の不安定さ，感情的，悩みやすい
外向性［Extraversion］	にぎやか，積極的，話し好き，冒険好き
開放性，経験への開放性，知性 　　［Openness, Openness to Experience］	好奇心，知識の広さ，創造的，分析的
調和性，協調性［Agreeableness］	暖かさ，親切，気前の良さ，協調的
勤勉性，良心性，誠実性［Conscientiousness］	責任感，精力的，勤勉さ

ブ説に基づく研究は，1990年代以降パーソナリティ研究の主要な流れの1つとして定着している。5つの因子名は，研究者の間で内容・呼び方に相違があるが，ここでは小塩と中間（2007）を例としてあげておく（表5-2）。

3．遺伝子の影響への注目

　パーソナリティ研究の近年の動向としては，パーソナリティ形成への遺伝子の影響を検討する研究の活発化もあげられる。遺伝子がパーソナリティに影響を与えるのはあくまで基本的傾向であり，パーソナリティも遺伝的要因と環境的要因の絡み合うなかで形成されることを忘れてはならないが，遺伝子研究の成果も受容しながらパーソナリティ研究に大きな展開がみられることも期待される。

Column③ 学校のなかの人権

　人権とは，すべての人に保障され（普遍性），人間であるかぎり無条件にもっており（固有性），だれからも奪われない（不可侵性）権利である（世界人権宣言第１条ほか）。

　学校に関連する人権問題は実に多い。いじめ・不登校・犯罪・非行・学校裏サイト・不純異性交遊・売春・障害のある児童・バリアフリー・外国人が教育を受ける権利・宗教・体罰・退学強要・校則・運転免許・恋愛・子どもを生む権利・集会の自由・集団的儀礼・男女の役割の押し付け・えこひいき・差別などがある。思わぬところに人権問題があることに注意したい。ここでは，いくつかを指摘しておく。

　名前はかけがえのない"人間"の人格そのものを象徴している（子どもの権利条約第７条）。名前には身近な人々の幼い生命への愛と期待が込められている。教師が生徒をふざけたあだなで呼ぶことなどはあってはならない。

　生徒はプライバシーの権利を有する。教師が職務上知り得た生徒の感情，意見，行動などの取り扱いに注意したい。

　生徒の個性は尊重される。個性とはその人の性格だけでなく，その人を構成する要素（男・女であること，障害者，メガネをかけていることなど）すべてをさす。その人の一部だけしかみないで，その人の全体としての尊厳と人格を傷つけないようにしたい。

　子どもは，自分に関係のあることについて自由に自分の意見を表す権利をもっている。その意見は，子どもの発達に応じて，十分考慮されなければならない（意見表明権；子どもの権利条約第12条）。意見表明権の場面として，①校則の制定・改廃，②停学，退学，家庭謹慎などの指導，③学級活動や学校行事，④児童会・生徒会活動，⑤学校内でのきまり，⑥授業などの教育内容が考えられる。

　子どもたちは命と人格を大切にされ楽しく学ぶ権利をもっている。学校においてもこれらの人権は大切にされなければならない。同時に，一人ひとりの児童生徒が人権の意義・内容や重要性について理解することが大切である（人権教育の必要性）。

第6章 発達と教育相談

1 発達とは

　受胎から死にいたるまで、私たち人間は生物学的に、また心理社会的に大きく変化していく。こうした人の一生の変化をふまえ、発達にかかわる諸現象の特徴や法則性を記述し、発達をもたらす要因、メカニズムを解明するのが発達心理学である。「発達（development）」という言葉は、受胎から死にいたるまでの、心身の諸機能の変化の過程を意味しているが、より詳しい学術的な定義としては「個体と環境との継時的な相互作用をとおして、さまざまな機能や構造が分化し、さらに統合されて個体が機能上より有能に、また構造上より複雑な存在になっていく過程」（三宅，1981）などがある。

　発達心理学の研究においては、かつては青年期に達するまでの上昇的な心身機能の変化に焦点があてられていたが、現在では、発達は生涯続くという考え方に変わり、青年期以降の発達についてもさかんに研究が行われている。青年期にいたるまでの獲得的、進歩的変化だけでなく、青年期以降の成熟および衰退の過程にも深い関心が寄せられているのであり、人間を発生から死にいたるまでの時間のなかで理解しようとするのが現代の発達心理学のあり方である。人間の生涯にわたる変化を追求する心理学として生涯発達心理学という用語もよく使用されている。本章では、教育相談との関連が深い青年期までの発達を中心に取り上げるが、児童生徒を理解し、適切にかかわるためには、発達の途上における子どもの特性を知っておく必要がある。ここでは、発達心理学の基礎的な内容についてふれることとしたい。

2　発達をもたらすもの

　何が発達をもたらすのか，発達を規定する要因については，単一要因説，輻輳説，相互作用説の3つの考え方に整理されることが多い。単一要因説は，発達の規定因を遺伝か環境のいずれか一方に求めるものであり，遺伝的要因を重視する考え方を遺伝説（生得説），環境的要因を重視する考え方を環境説（経験説）という。

　遺伝説は，遺伝的に準備されたものが出生後，時間の経過とともに現れてくることを重視するものである。環境説は，遺伝の影響をあまり考慮せず，発達は出生後の経験によって決定されるとする考え方であり，学習過程を重視する。歴史的変遷としては，単一要因説→輻輳説→相互作用説という経過をたどっている。20世紀半ばには「遺伝か環境か」という単一要因のみを強調した議論は下火になり，「遺伝も環境も」発達に影響するという考え方が主流になった。

　シュテルン（Stern, W.）によって提唱された輻輳説は，遺伝も環境も発達に関与するとする説であり，遺伝的要因と環境的要因が輻輳して（寄り集まって）発達という現象が生じると考えるものである。輻輳説の考え方は，ルクセンブルガー（Luxenburger, H.）の図式に端的に示されている（図6-1）。輻輳説の場合，遺伝的要因と環境的要因が独立して加算的に作用すると考えるわけであるが，これに対して相互作用説の立場では，発達の過程において遺伝的要因と環境的要因が相互に影響しあうと考える。

　相互作用説は，現在の発達心理学において最も一般的な考え方となっているといってよいであろう。ジェンセン（Jensen, A. R.）は，環境は閾値要因としてはたらくとして，特性によって環境要因から受ける影響の大きさが異なり，環境がある一定の水準（閾値）に達したときにその特性が発現するとする環境閾値説を提唱した（図6-2）。この説によれば，身長などはよほど劣悪な環境で

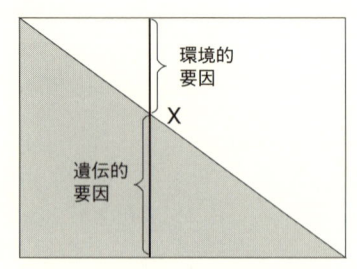

図6-1　ルクセンブルガーの図式
(高木，1950)

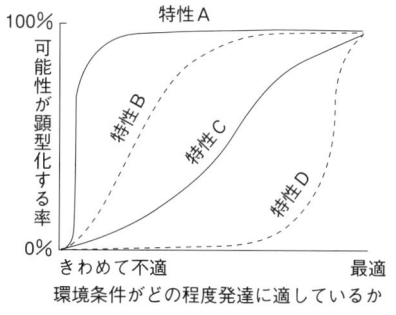

特性A：身長や体重のような，極端に不利な環境でなければ，顕型化するもの。
特性B：知能検査の成績のような，環境の影響を中程度に受けるもの。
特性C：学業成績のような，広い範囲で環境の影響を受けるもの。
特性D：絶対音感や外国語の音韻の弁別のような，特定の訓練や好適な環境条件がない限り，顕型化しえないもの。

図6-2　ジェンセンの環境閾値説の解説図（東，1969）

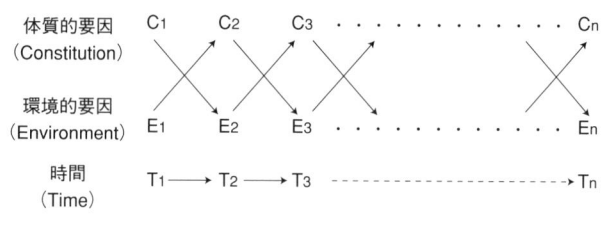

図6-3　サメロフの相乗的相互作用モデル（二宮，2007）

ない限りその可能性を顕在化できるが，知能検査の成績ではやや環境から受ける影響が大きくなり，学校での学業成績ではさらに環境の重要度が増す。絶対音感や外国語の音韻などは，よほど環境条件が整わなくては能力を開花させることができないと考えられる。また，サメロフ（Sameloff, A. J.）とチャンドラー（Chandler, M. J.）は相乗的相互作用モデルを提案しているが（図6-3），このモデルでは，子どもと養育者との相互作用によって，子どもの遺伝的素質も環境要因としての養育者側の諸要因も影響を受け変化すること，子どもの遺伝的素質と環境要因としての養育者の両者が時間の経過のなかで互いに作用しあい，発達が進むことが示されている。

3 発達段階

1．発達段階という考え方

　人間の発達の過程においては，非連続的，飛躍的な変化が認められることがある。発達過程が飛躍的で非連続的変化をなすと仮定できるとき，相互に異質で独自の構造をもつ区分された時期を発達段階という。発達段階は，発達の様相をある側面からみたときの顕著な特徴や機能の変化に注目し，段階が設定される。段階の区分は，社会的慣習や教育制度，身体的発育，特定の精神機能，全体的な精神構造などの基準によって行われるが，発達段階の特徴としては，ある段階は他の段階と質的に区別できること，各段階は不可逆的であること，段階の間には移行期があることなどがあげられる。発達が連続的に徐々に変化する過程なのか，それともある段階から次の段階へと非連続的，飛躍的に質的変化を遂げるのか議論がなされてきたところであるが（発達の連続性－非連続性論争），質的な変化に注目する視点は教育現場においてさまざまな示唆を提供するものであり，有用であろう。発達段階にかかわる知見は，ある時期における児童生徒の特徴の理解を助け，また，ある機能がどのように変化していくのかという見通しをもつことを可能とする。

　発達心理学における発達段階の一般的な区分としては，「乳児期」「幼児期」「児童期」「青年期」「成人期」「高齢期」が設けられることが多い。乳児期は，生後1歳半頃までであり，言語使用，二足歩行がみられるようになる。幼児期は，1歳半頃から6歳頃までであるが，基本的な運動機能が確立する時期であるとともに，言語能力が急速に発達し言語的なコミュニケーションが可能になる。児童期は，6歳頃から12歳頃までであり，身体的にも，心理的にも発達がさらに進む時期である。就学によって，読み書き，計算などの基礎学力を形成していく時期である。青年期は12歳頃から始まるが，青年期の始まりの指標は，第2の発育のスパートと第2次性徴の発現である。第2次性徴とともに生じる身体的変化，自己意識の高まり，親からの自立・社会への参加の期待という身体的，心理的，社会的要因のために，かつてより青年期は不安定

なものとみなされてきた。現代社会においては，生活のゆとり，発達加速現象，社会生活の複雑化，高学歴化，晩婚化などにより，青年期は前後に拡大・延長する傾向にある。発達加速現象とは，世代が新しくなるにつれて身体的発達が促進される現象のことであり，身長，体重などの量的側面の成長速度が加速する成長加速現象，性的成熟などの質的変化の開始年齢が早期化する成熟前傾現象の2つの側面がある。成人期は，青年期に続くもので，個人が社会から一人前と認められる段階以降であり，20代後半から60代頃までとされることが多い。配偶者を得て，家庭を築いていくのが伝統的な成人期のあり方であった。青年期の終わりについてもいえることであるが，社会によって，時代によって，何をもって成人を判定するかという基準が異なるため，成人期を特定することは困難である。かつての発達心理学では，青年期までの発達に関心が寄せられていたが，現在では，成人期，高齢期についても活発に研究が行われるようになっている。

　ハヴィガースト（Havighurst, R. J.）は，個人が健全な発達を遂げるためには発達のそれぞれの時期で果たさなければならない心理社会的な課題があると指摘し，その課題を発達課題とよんだ。ハヴィガーストがそれぞれの発達段階で示した発達課題を表6-1に示した。発達課題は，身体的な成熟，社会からの要求や圧力，個人の達成しようとする目標や努力から生じてくるが，発達課題を適切に達成できればその後の段階の発達はうまく進み，達成できない場合は後の段階で発達上のさまざまな困難に出合うとされている。ハヴィガーストは，個人が社会の一員として期待される役割を果たすなかで健全な発達を遂げるという側面を強調するが，課題の達成はその個人の幸福と深く結びつくと考えられている。教育実践との関連でいえば，発達課題をふまえることによって，それぞれの時期，すなわち各発達段階における児童生徒へのはたらきかけで配慮すべき点や教育目標を見出すことが可能となる。

2．代表的な発達段階説

　発達段階は，各研究者の基準によりさまざまな種類のものが提案されている。発達の段階説に立つ研究者としては，認知発達についての先駆的研究を行ったピアジェ（Piaget, J.），ピアジェの理論を道徳性の発達理論に展開させたコー

表6-1　ハヴィガーストの発達課題 (石﨑, 2004)

発達段階	発達課題
乳・幼児期	・歩行の学習　　　　　　　　　・固形食を食べる学習 ・話すことの学習　　　　　　　・排泄の学習 ・性差と性的つつしみの学習　　・生理的安定の達成 ・社会的・物理的現実についての単純な概念の形成 ・両親・きょうだいの人間関係の学習 ・善悪の区別・良心の学習
児童期	・日常の遊びに必要な身体的技能の学習 ・生活体としての自己に対する健康な態度の形成 ・遊び仲間とうまくつき合うことの学習 ・男子あるいは女子としての適切な社会的役割の学習 ・読み・書き・計算の基礎的能力の発達 ・日常生活に必要な概念の発達 ・良心・道徳性・価値観の発達 ・個人的独立の達成 ・社会集団や制度に対する態度の発達
青年期	・両性の友人との新しい, 成熟した人間関係をもつこと ・男性または女性としての社会的役割の達成 ・自分の身体的変化を受け入れ, 身体を有効に使うこと ・両親や他のおとなからの情緒的独立の達成 ・経済的独立のめやすを立てる ・職業の選択とそれへの準備 ・結婚と家庭生活への準備 ・市民として必要な知的技能と概念の発達 ・社会人としての責任ある行動をとること ・行動を導く価値観や倫理体系の形成
壮年期	・配偶者の選択　　　　　　　　・配偶者との生活の学習 ・第一子を家庭に加えること　　・子育て ・家庭管理　　　　　　　　　　・職業につくこと ・市民的責任を負うこと　　　　・適した社会集団の選択
中年期	・市民的・社会的責任の達成 ・経済力の確保と維持 ・十代の子どもの精神的な成長の援助 ・余暇を充実させること ・配偶者と人間として結びつくこと ・中年の生理的変化の受け入れと対応 ・年老いた両親への適応
老年期	・肉体的な力, 健康の衰退への適応 ・引退と収入の減少への適応 ・同年代の人と明るい親密な関係を結ぶこと ・社会的・市民的義務の引き受け ・肉体的に満足な生活を送るための準備

ルバーグ（Kohlberg, L.），精神分析の創始者フロイト（Freud, S.），フロイトの精神分析理論を発展させたエリクソン（Erikson, E. H.）などがよく知られている。発達段階説の場合，どのような文化や社会でも発達段階の出現順序は一定であると仮定される傾向がある。発達段階説にはさまざまなものがあるが，ここでは代表的な発達段階説であるピアジェの認知発達理論，コールバーグの道徳性発達理論，フロイトの心理－性的発達理論，エリクソンの心理－社会的発達理論について概説しておきたい。

(1) ピアジェの認知発達理論

ピアジェは，思考の発達について膨大な研究を行った。ピアジェの認知発達理論のキーワードとして「シェマ」「同化」「調節」「均衡化」「操作」といったものがある。シェマとは，物事を認識するうえでの行動や思考の枠組みをさす。同化とは外界をすでにもっている自分のシェマに取り入れるはたらき，調節とは外界にあわせて自分がこれまでもっていたシェマを変化させて外界を取り入れるはたらきである。均衡化とは既存のシェマに同化したり，それができずにシェマを変えたりして（調節），不安定に感じたものを安定化していく過程である。シェマは，同化と調節をくり返しながら，より複雑に構造化されていくとされる。操作とは，行為が内化されて表象されたものをさす。

ピアジェは思考の発達段階を4つに分けた（表6-2）。感覚運動期（0～2歳頃）は，子どもは外界を自分の感覚をとおして受けとめ，自分の運動動作で直接はたらきかけることによって認識をする。この時期の特徴は，感覚と運

表6-2　論理的思考の発達を中心としたピアジェの発達段階（村田，1990）

感覚－運動期 （0～2歳）	感覚と運動のあいだの関係の発見に忙殺される。物を把握するために自分の手はどのように働くか，テーブルの端にある皿を押すとどんなことが起こるか，などについて知るようになる。
前操作期 （2～6歳）	表象が発生し，象徴的な行動が発達してくる。＜意味するもの＞と＜意味されるもの＞の関係が生まれ，言語が思考に介入し始める。概念化が進み，推理も生じるが，なお知覚に支配されていて直観的である。
具体的操作期 （6～11歳）	具体的に理解できるものは，論理的操作を使って思考する。たとえば，高さや重さで物を系列化することはできる。また，以前のように知覚に惑わされることも少なくなる。しかし具体的な対象を離れると論理的に思考することができない。
形式的操作期 （11歳～成人）	命題に対して論理的操作を加える。結果が現実と矛盾してもかまわない。典型的なものとしては，科学における仮説検証のための演繹的手続きがある。

動が表象や言語を介さずに直接に結びついていることである。前操作期（2〜6歳）では，眼前にない対象や活動を頭の中でイメージとして思い浮かべて考えることができるようになる。しかし，論理的な思考はまだできず，自己中心性が認められる。自己中心性とは，わがまま，利己的という意味ではなく，幼児が他者の視点に立つことができないという認知能力上の限界を示す用語である。具体的操作期（6～11歳）では，見たりさわったりできる具体的な対象については論理的に考えることができるようになり，脱中心化（1つの特徴だけでなく，他の特徴にも注意を払って考えることができるようになる）が進む。しかし，具体的な対象を離れて抽象的な思考をすることはまだできない。形式的操作期（11歳以降）では，具体物に縛られることなく，仮説的・抽象的な状況においても論理的な思考が可能になる。形式的操作期にいたって論理的思考は一応完成となり，いわゆる科学的な思考ができるようになるとされる。

(2) コールバーグの道徳性発達理論

コールバーグの道徳性発達理論は，ピアジェの認知発達研究を引き継ぎ，発展させたものであり，道徳的判断の背後にある認知構造に焦点をあてている。コールバーグは，子どもでも正しさを判断する枠組みをもっており，それに基づいて道徳的な判断をすると考えた。その正しさの枠組みは発達とともに変化するとして3水準6段階の発達段階説を提唱した（表6-3）。

表6-3 コールバーグによる道徳性の発達段階（二宮，1999）

水準	段階	概要
前慣習的水準	1. 罰と服従への志向 2. 道具主義的な相対主義志向	苦痛と罰を避けるために，大人の力に譲歩し規則に従う。 報酬を手に入れ，愛情の返報を受ける仕方で行動することによって，自己の欲求の満足を求める。
慣習的水準	3. 対人的同調，「良い子」志向 4.「法と秩序」志向	他人を喜ばせ，他者を助けるために「良く」ふるまい，それによって承認を受ける。 権威（親，教師，神）を尊重し，社会的秩序をそれ自身のために維持することにより，自己の義務を果たすことを求める。
後慣習的水準	5. 社会契約的な法律志向 6. 普遍的な倫理的原理の志向	他者の権利について考える。共同体の一般的福祉，および法と多数者の意志によりつくられた基準に従う義務を考える。公平な観察者により support される仕方で行為する。 実際の法や社会の規則を考えるだけでなく，正義について自ら選んだ基準と，人間の尊厳性への尊重を考える。自己の良心から非難を受けないような仕方で行為する。

表6-4　フロイトの発達段階

発達段階	時期	特徴
口唇期	出生～1歳半頃まで	乳房を吸うことによって性的な満足が得られる。後半には噛む欲求も生じてくる。
肛門期	1歳半頃～3,4歳頃まで	排泄による快感が生じ，排泄にかかわることに関心をもつ。
男根期（エディプス期）	3,4歳頃～5,6歳頃まで	性器への関心が顕著になり，性的関心が芽生え，性愛感情を異性の親に向ける。異性の親を独占したいと思い，同性の親を競争相手とみなし敵意をもつようになる。
潜伏期	5,6歳頃～11,12歳頃まで	小児性欲とよばれるこの時期以前の性的欲求は一時的に不活発になる。
性器期	11,12歳頃～	思春期にはいり身体的成熟とともに，それまでの部分性欲が性器性欲として統合されていく。

(3) フロイトの心理－性的発達理論

　精神分析の創始者フロイトは，無意識的な心のはたらきを重視し，人の行動や神経症的症状が無意識的な願望や衝動の影響を受けていると指摘した。フロイトは人間の性的な側面を重視したが，思春期以前の子どもにも広い意味での性的欲求はあるとし，人間の発達を性的欲求の点から考察する心理－性的発達理論を提唱した。フロイトは，リビドーとよばれる性的エネルギーに着目し，リビドーを満たす身体部位の推移から口唇期（出生～1歳半頃まで），肛門期（1歳半頃～3,4歳頃まで），エディプス期（3,4歳頃～5,6歳頃まで），潜伏期（5,6歳頃～11,12歳頃まで），性器期（11,12歳頃～）という5段階の発達段階を仮定した（表6-4）。発達段階の各段階で，リビドーの充足が十分になされなかったり，逆に過剰に刺激されすぎると，その段階への固着が生じ，健全な発達がむずかしくなるとされる。フロイトは神経症の原因として幼児期において家庭内で生じる葛藤すなわちエディプス期に生じるエディプス・コンプレックス（幼児期において生じる異性の親への近親相姦的な愛情と同性の親への敵意，罰の不安，愛情がからまったもの）を重視していた。

(4) エリクソンの心理－社会的発達理論

　エリクソンは精神分析家であり，フロイトの心理－性的発達理論をふまえたうえで独自に社会的視点を加え，心理－社会的発達理論を構築した。エリクソンは人生を8つの段階に分け，それぞれの段階に特有の心理－社会的危機を

表6-5 エリクソンの発達段階と心理－社会的危機 (西平, 1993)

		1	2	3	4	5	6	7	8
老年期	Ⅷ								統合 対 絶望, 嫌悪 英知
成人期	Ⅶ							生殖性 対 停滞 世話	
前成人期	Ⅵ						親密 対 孤立 愛		
青年期	Ⅴ					同一性 対 同一性混乱 忠誠			
学童期	Ⅳ				勤勉性 対 劣等感 適格				
遊戯期	Ⅲ			自主性 対 罪悪感 目的					
幼児期初期	Ⅱ		自律性 対 恥, 疑惑 意志						
乳幼期	Ⅰ	基本的信頼 対 基本的不信 希望							

設定した（表6-5）。「危機（crisis）」は「危険」という意味ではなく，よい方向に進むか，悪い方向に進むかの「分岐点」といった意味で用いられている。各段階の危機を乗り越えること，すなわち，「対」の前（表では上）に位置する内容が後の内容よりも相対的に上回るかたちで獲得されることが健全な心の発達にとって必要であり，人は心理－社会的危機の望ましい解決によって「希望」「意志」「目的」といった自我の強さを獲得していくのである。

　エリクソンの発達理論は，アイデンティティ（自我同一性，同一性）概念を中心としたものであるが，とくに青年期の重要性が強調されている。青年は，大人の社会に参加していくための準備期間である心理社会的モラトリアムの間に，自らのアイデンティティを模索していく。アイデンティティの形成そのものは一生涯続く過程であるものの，青年期は自分が何者かという問いに答えよ

うと苦闘，葛藤する時期であり，アイデンティティの確立の問題が尖鋭化するのである。

　以上きわめて簡単にではあるが代表的な発達段階説を紹介した。先に述べたように発達を段階的，非連続的なものととらえるか連続的なものととらえるかは見解の分かれるところであるが，子どもたちの飛躍的な質的変化について説明でき，教師の子ども理解の助けになり得るという点で発達段階説的視点は有効であると考えられる。

Column④ 青年期の面接

　青年期の特徴の1つは，家族への心理的依存からの脱却の時期だということである。他からの関与や支援はうるさがるが，内面では自立への苦闘を続けている。もう1つは，身体の急激な変化が身体イメージの変化をもたらし，内的な不安が増大する時期であり，自我のバランスもおびやかされている。

　面接での態度は，青年の発達を支えるという心持ちが基本となる。そして，「自分とは何か」という長い苦しい旅路に付き添う気持ちで進めるとよいと思う。また上下の関係に敏感であり，全体としては，斜め上くらいの感じで，時には水平にというフレキシブルな気持ちで接するのがよいと思う。

　青年期男子との面接では，①背伸びする年代であり，感じていることと言動がずれることがある，②こちらの発言に敏感なので慎重に接することが求められる，③安易に了解したり，断定しないこと，④かすかな違和感といったものを感じて居心地が悪くなることがあるが，素直に受けとめておく，⑤青年は緊張が高いので，緊張を言葉にしていくなどで緊張をとる工夫をする，⑥大声，断定口調にならない，相手の感情がこもっている部分に自分の調子を合わせる心持ちで話す，⑦待ってみるという態度も必要である，といったことが参考になろう。

　また青年期女子では，未解決の母子関係の問題が現れる，母親の影を娘が引き受けやすい，自分の境遇を救ってくれる男性を待っている，父親とは距離を保つといったところがある。青年期女子との面接では，理詰めでせまると抵抗されるし，正しいことを指摘すると嫌われる。心模様をどう共有できるかが大事である。そして，①身体の問題を軽視しない。思春期女子の発達課題は，自分の身体との出会いをうまく内在化させることである，②「ノリ」で衝動や不安への直面化を避けていることがあるのでついていくこと，③自分の衝動性を十分に表現できるだけの発達をしていないことに留意する，④理論的なものより，感情的・情緒的な世界が女性性を育てることを知っておく（氏原ら，1993）。

　青年期面接では，子どもから大人になる時期であり，それまでの発達の積み残しに取り組まざるを得ないことが多い。家族全体の課題を視野に入れてカウンセリングをすることも必要である。また，こちら側が内的に成熟していないと変に共鳴したり，競合したり，反目しあったりする結果になる。さらに，不安定さに揺さぶられることのないように自分の安定度を高めておくことが必要である。

第7章 発達障害と教育相談

1 発達障害とは

1．発達障害の定義

　発達障害とは，発達障害者支援法には「自閉症，アスペルガー症候群その他の広汎性発達障害，学習障害，注意欠陥多動性障害その他これに類する脳機能の障害であってその症状が通常低年齢において発現するものとして政令で定めるもの」（発達障害者支援法2条）とされている。

　発達障害の原因については，生まれつき持ち合わせた脳のはたらきの障害であると推定されているが，その病因や発生機序については不明なものが多い。発達障害は生後まもなくから成人にいたる間に顕在化するものであるが，就学する頃には親や学校にも認識されていることが多い（清水，2006）。

　発達障害では脳のはたらきのパターンに違いがある，つまり，発達障害はその子どもの個性の延長線上にあり，その子どもの個性をふまえて理解する必要がある（岡田，2009）といえる。

　ところで杉山（2009）は，障害（disorder）という言葉は，DIS（乱れ）＋ORDER（秩序）すなわち，「秩序の乱れ，決まりの乱れ」であるから，「障害というより凸凹ないし乱れと呼ぶもの」であるという。生活していくうえで，支障が現れるがゆえに障害とみなされるが，逆に支障がなければ障害とはならない。このように発達障害は理解や支援のための用語であるといえる。発達は環境の影響を強く受ける。障害のある領域も発達可能性をもっており，子どもの発達を促進し，発達障害の不均衡を是正するような教育的かかわりが望まれる。

2．医学的診断基準

　発達障害の医学的診断基準として，米国の「精神疾患の診断・統計マニュアル」であるDSM（Diagnostic and Statistical Manual of Disorders. 2000年からのDSM-Ⅳは，2013年に，表記も算用数字となり，DSM-5が公開されている）と，世界保健機構（WHO）の国際疾病分類ICD-10（International Classification of Diseases, Tenth Revision）のどちらかが使われることが多い。なおDSM-5では，小児自閉症やアスペルガー障害などのサブカテゴリーを含む「広汎性発達障害」が，「自閉症スペクトラム障害」という診断名に統合された。

　これらは医学的診断基準であり，生徒理解や適切な支援のための知見が得られるが，①障害の特定が問題行動の改善には直接つながらない，②生徒理解に先駆けて診断による結果からの先入観をもってはならない，③医師の診断名をまたずに障害名を本人や家族に対して口に出さない，などに注意したい（相澤ら，2007）。

3．新しい障害モデル

　障害に関する国際的な分類としては，これまで世界保健機関（WHO）が1980年に「国際疾病分類（ICD）」の補助として発表した「WHO国際障害分類（ICIDH）」が用いられてきたが，WHOは2001年第54回総会において，その改訂版として「ICF（International Classification of Functioning, Disability and Health）」を採択した（厚生労働省，2002）。

　それまでの「ICIDH」は，身体機能の障害による生活機能の障害（社会的不利を分類するという考え方が中心）であったのに対し，ICFではこれらに環境因子という観点を加え，たとえば，バリアフリーなどの環境を評価できるように構成されている。このような考え方は，今後，障害者はもとより，全国民の保健・医療・福祉サービス，社会システムや技術のあり方の方向性を示唆しているものと考えられる（厚生労働省，2002）。

　重要なポイントは，日常生活の質は，障害があっても背景因子，すなわちまわりの理解や支援，本人の障害理解や自尊感情やモチベーションなどで変化するということである。極論すれば，身体障害，知的障害，精神障害などの機能

不全があるから「障害者」なのではなく，理解や支援がなく，環境や条件が整わないから「障害者」となるのである。

2 特別支援教育

　文部科学省は，平成14年の2月から3月にかけて，「通常の学級に在籍する特別な教育的支援を必要とする児童生徒に関する全国実態調査」を実施した。その結果，知的発達に遅れはないものの，環境を整えたり条件を変えたりする特別な支援の必要な児童生徒が，6.3％存在するということが明らかになった。40人学級では2～3人の児童生徒が該当することになる（表7 - 1）。

　つまり，発達障害として，LD（学習障害），ADHD（注意欠陥／多動性障害），高機能自閉症がクローズアップされたのである。これまで彼らは，「作文が嫌いで書こうとしない子」「落ち着きのない子」「人の気持ちを考えず，ずけずけものを言う子」などと教師に受けとめられていた。その結果，二次障害に発展することもあった。また，そうした学習の遅れや生活上のトラブルなどを，性格や意欲，習慣などの本人の問題として厳しく叱責されたり指導をされたりしてきた。また，養育態度やしつけといった親の問題としてアセスメントされてきた。

表7 - 1　特別な支援の必要な児童生徒

知的発達に遅れはないものの学習面や行動面で著しい困難を
示すと担任教師が回答した児童生徒の割合

学習面か行動面で著しい困難を示す	6.3％[注1]
学習面で著しい困難を示す	4.5％
行動面で著しい困難を示す	2.9％
学習面と行動面ともに著しい困難を示す	1.2％

注1：小数点以下の四捨五入の扱いにより下記の表の数値から計算すると
　　　6.2％になる。
注2：「学習面で著しい困難を示す」とは，「聞く」「話す」「読む」「書く」
　　　「計算する」「推論する」の1つあるいは複数で著しい困難を示す場
　　　合をいい，一方，「行動面で著しい困難を示す」とは，「不注意」の
　　　問題，「多動性・衝動性」の問題，あるいは「対人関係やこだわり等」
　　　の1つあるいは複数で著しい困難を示す場合をいう。

平成19年の4月から，特別支援教育がスタートした。障害の種類や程度などに応じて特別の場で，特別な方法で指導を行う「特殊教育」から，障害のある一人ひとりの教育ニーズに応じて適切な教育支援を行う「特別支援教育」へ，大きく転換されたわけである。

　特別支援教育とは「従来の特殊教育の対象の障害でなく，LD，ADHD，高機能自閉症を含めて障害のある児童生徒の自立や社会参加に向けて，その一人一人の教育的ニーズを把握して，その持てる力を高め，生活や学習上の困難を改善または克服するために，適切な教育や指導を通じて必要な支援を行うもの」（調査協力者会議「今後の特別支援教育相談の在り方にについて」（最終報告），2003年）である。

　ここで強調しておきたいのは，特別支援教育は特別なものであり，特別な児童生徒だけへの支援ではないということである。今まで以上に，通常の学級で行われてきた教育実践に特殊教育で培われてきた教育実践を取り入れたり，発達障害に関するアセスメントやスキルを生かしたりしようというものである。

3　発達障害に関する教育相談の要点

1．発達障害の特性を理解する

　発達障害に関する教育相談は，相談者の心の安定に配慮しながら，子どもの特性に応じた勉強方法，人とのかかわり方を具体的に支援していくことが大切である。そのためには，特別支援教育コーディネーターと連携し，「個別の教育支援計画」や「個別の指導計画」づくりを意識しておく必要があるし，また教育相談が実際に計画をつくる場ともなる。

　しかし，親としては，発達障害をそう簡単に受け入れられるものではない。母親は受け入れても父親が断固として認めない場合もあるし，祖父母の受診の勧めを拒絶する父母もいる。診断や判断は，支援のためのものであることを忘れずにいたい。親の気持ちを汲むことなくいたずらに受診や専門機関を勧めることは，相談者の不安をあおるだけである。その子を取り巻く大人が，一貫し

た支援を早期にできるように，その子を取り巻く環境が安定するように教育相談を進めたい。

　発達障害の特性として，その子が抱えている困難さとは別の，二次的，三次的な情緒や行動の問題をきたす場合が少なくない。周囲の理解のなさ，適切な支援のなさが子どもたちを追いつめ，苦しめる。ある生徒は，周囲の不理解と対応のまずさで自信を失い，友達の言動を恐れ，とうとう学校へ行かなくなった。また別の生徒は，自分の特性に合った支援をしてもらえず，叱責のなかで不信感や反発を抱き荒れていった。発達障害のかかわりではまず二次障害を防ぐことが急務である。

2．担任の「困り感」から「気づき」へ

　今まで「困った子」としていた生徒に対し，その「困り感」から，背景にある事柄や要因を探る試みを通して「気づき」が生じ，次の行動に結びついていく（特別支援教育士資格認定協会，2007）ものである。この気づきは，4月の出会いを経て5月末くらいから，学習面，行動面，対人関係面などでの言動から生じることが多い。それを大切にしたい。

　学級での子どもたちは，①つまずきのない子どもたち，②学習や行動のつまずきがある子どもたち，③LD，ADHD，高機能広汎性発達障害などの子どもたち，の3つにわけることができる。③の子どもだけを対象にしたのでは従来の特殊教育と変わらない（狭義の特別支援教育）。担任としては，②の子どもたちにも支援をしていくことが大事で，特別支援教育コーディネーターを中心として学校全体での支援体制をとって，だれもがどこでも支援を受けられる（広義の特別支援教育）ようにしていくことが大切である。

　児童生徒の実態把握には，観察（授業や生活のなかでのようす，友達とのやりとりやかかわりのようす），ノート，作文，作品，聞き取りなどの他に，WISC-ⅢやK-ABC，DN-CASなどの心理検査が欠かせない。また，医療機関や巡廻相談などにおける専門家の意見が不可欠となる。こうしたことにより，教師はよりよく気づき，より確かな支援の手がかりを得ることができる。

4 いろいろな発達障害

1. 広汎性発達障害（PDD: Pervasive Developmental Disorders）

　これはDSM-Ⅳ-TRでは，自閉的な特徴をもっている状態の総称や，自閉症と自閉症の近接グループを総称しての1つの診断名として用いられていた。広汎性発達障害には，自閉性障害（自閉症），レット症候群，小児期崩壊性障害，アスペルガー症候群，特定不能の広汎性発達障害（前4つではない場合につけられる）が含まれていたが，DSM-5では，レット症候群は除かれて自閉症スペクトラムとして統合され，特定不能の広汎性発達障害は社会的コミュニケーション障害とされた。現状は移行期であり，従来からの診断名を説明しておく。
　広汎性発達障害は，3つの特徴によって診断される（岡田，2009；尾崎・草野，2005参照）。
　①対人関係の障害：視線が合わないことが多い。表情や身ぶりなどを通じて，相手の気持ちを読み取ったり，自分の気持ちを表現することが苦手。感情を他人と共有することがむずかしい。
　②コミュニケーションの障害：コミュニケーション障害が重い場合には，話せなかったり，話せてもつたないことがある。軽ければ，自分の思いを伝えることはできるが，回りくどかったり，一方的で，言葉のキャッチボールが成り立ちにくい。またオウム返しをしたり，独り言を言ったりする。相手の話している意図がつかめず，冗談や皮肉を文字通りに受け取ってしまう。
　③興味・活動のこだわり：興味のもち方が，特定のものや小さな部分に偏っていたり，同じことばかりくり返したり，いつも同じ順序で行動したがる。環境の変化を極端にきらう。
　なお，以上の中核症状のほかに，多動，不注意，衝動性といった「関連症状」，複数の疾患の診断基準を満たす「併存障害」といわれるものがある。
　この対人関係の障害，コミュニケーションの障害，興味・活動のこだわりを特徴とする行動の障害が3歳くらいまでに現れ，中枢神経系に何らかの要因による機能不全があると推定されるのが自閉症（Autistic Disorder）である。

また，「ワンワン来た」などの二語文が3歳までにみられる場合にはアスペルガー症候群，自閉症やアスペルガー症候群などの診断基準を満たさない場合が特定不能の広汎性発達障害（PDD-NOS）とされる（岡田，2009）。

なお，広汎性発達障害（PDD）が，自閉症，アスペルガー症候群などと分類された障害単位の総称であるのに対し，自閉症を重度から健常まで一つながりとしてとらえたものが自閉症スペクトラム（ASD）である。知能と言葉の発達の遅れがある「典型的自閉症」から，だんだん知能の遅れを軽くしていき，知的障害がない状態が「高機能自閉症」。それから，さらに言葉の遅れが軽く，言葉の遅れがないのが「アスペルガー症候群」である，とみていくとわかりやすい（尾崎・草野，2005；DSM-5も参考）。

(1) 高機能自閉症（High Functioning Autism）

「高機能自閉症とは，3歳位までに現れ，①他人との社会的関係の形成の困難さ，②言葉の発達の遅れ，③興味や関心が狭く特定のものにこだわることを特徴とする行動の障害である自閉症のうち，知的発達の遅れを伴わないものをいう。また，中枢神経系に何らかの要因による機能不全があると推定される」（中央教育審議会，2005など）。

「高機能」とはIQ70以上の場合をいう（IQ70を下回る場合は知的障害）。高機能といっても平均より高い知的能力という意味ではなく，明らかな知的遅れがないという意味で，IQ70～IQ140台の知的能力が非常に高い人までが含まれる。

(2) アスペルガー症候群（AS: Asperger's Syndrome）

「アスペルガー症候群とは，知的発達の遅れを伴わず，かつ，自閉症の特徴のうち言葉の発達の遅れを伴わないものである。なお，高機能自閉症やアスペルガー症候群は，広汎性発達障害に分類されるものである」（中央教育審議会，2005）。

アスペルガー症候群は，知的障害と著しい言語の遅れのない自閉症である。つまり，言語による会話能力はあるが，自閉症同様の3つの特徴を併せ持った発達障害である。普通に話すことができるが，コミュニケーションの手段としては使えていない。

臨床的には，基本的意思伝達はできるし，普通の言葉をしゃべるが，回りくどく要領を得ない。相手の気持ちを察することが苦手で，人の嫌がることをず

けずけ言ってしまい，対人関係で失敗することが多い。限られた範囲での社会生活は送れる。

　高機能自閉症とアスペルガー症候群とは，医学的には別の分類であるが，教育的支援を進めるうえにおいては大きな違いはないとされている。なお，DSM-IVでは，コミュニケーション障害や認知の発達に障害がなく，社会性の障害と反復的行動がみられる場合に下される診断であるが，臨床的には，「このような基準を適用するとアスペルガー障害と診断される子どもはきわめて少数になる」（内山ら，2002）という問題も指摘されている。

(3) 注意欠陥／多動性障害（AD/HD: Attention-Deficit/Hyperactivity Disorder）

　「ADHDとは，年齢あるいは発達に不釣り合いな注意力，及び／又は衝動性，多動性を特徴とする行動の障害で，社会的な活動や学業の機能に支障をきたすものである。また，7歳以前に現れ，その状態が継続し，中枢神経系に何らかの要因による機能不全があると推定される」（中央教育審議会，2005）。

　ADHDは，「不注意」「多動性」「衝動性」の3つの症状を特徴とする。

①不注意：注意や集中が適切にできない。集中すべきところに集中できず，目的ある行動がとりにくい。

②多動性：状況からみても，社会的にも，不適切で，目的にない行動をとってしまう。

③衝動性：思いついたこと，外部からの刺激に対して，反応を抑えることができず，即座に衝動的に反応してしまう。

　その基本症状は，「衝動性」あるいは「抑制機能の欠如」である。不注意が主なタイプや多動・衝動性が主なタイプもある。ADHDの子どもたちは，自分の行動の結果を予測し，そこから自分の行動を調整する脳のはたらきが障害を起こし，それによって学校や家庭で不適応を起こしている。そのために本人もまわりも困っており，なんらかの支援が必要な子どもたちである。

　尾崎ら（2001）によると以下に示したような行動の特徴がみられる。

・物事をパッと見て判断する。
・計画したことを最後まで進めることができない。
・目的なく教室を歩き回る。ソワソワしたり，休みなく動く。
・おしゃべりを我慢できず，絶え間なく大声で早口で話す。

・会話がたびたび横道にそれる。思考が乱れやすい。
・結果を考えずに行動してしまう。
・興味ある物はすぐにさわったり，手に取らずにはいられない。
・質問が終わる前に出し抜けに答えてしまう。

2．学習障害（LD: Learning Disabilities）

「学習障害とは，基本的には全般的な知的発達に遅れはないが，聞く，話す，読む，書く，計算する又は推論する能力のうち特定のものの習得と使用に著しい困難を示す様々な状態を指すものである。学習障害は，その原因として，中枢神経系に何らかの機能障害があると推定されるが，視覚障害，聴覚障害，知的障害，情緒障害などの障害や，環境的な要因が直接の原因となるものではない」（中央教育審議会，2005）。

文部科学省の定義は，LDと関連しやすい社会性・行動面の問題との重複性について認めながら，やや広めの学力のつまずきに焦点を絞った定義（上野ら，1996）といわれている。

ここでLDについて整理しておくと，主症状は，①言語能力の困難，②読字・書字の困難，③算数・計算の困難，④推論の困難であり，その他の特徴としては①社会性の困難，②運動の困難，③注意集中・多動による困難などがある。LD児に特徴的な状態があっても，診察や検査を進めていくとLDでないこともあり，ADHDの合併例も多いことなどに注意しておきたい（日本LD学会，1996）。

5　おわりに

岡田（2009）は，発達障害は1つの個性であり，文化の発展に寄与してきた歴史があるが，文化が進むなかで必ずしも適応的でなくなってきたところがある。私たちは，発達障害の子どものもつ適応的な特性に着目すること，障害のあるなしの二分法で考えるのではなく，正常だと思っているわれわれ自身が持ち合わせている発達障害的特性にも気づくことが，発達障害の子どもに対す

る真の理解と支援につながる鍵になるのではないか，と述べている。発達障害の教育相談においても求められる基本姿勢ではなかろうかと思われる。

　最後に，情緒障害の問題を指摘しておく。情緒障害とは，情緒の現れ方が偏っていたり激しかったりする状態を，自分ではコントロールできないことが継続し，学校生活や社会生活に支障となっている状態をいう。これには選択性緘黙やチック障害，反応性愛着障害，分離不安障害などがある。近時は発達障害が注目されていることから，情緒障害が見過ごされることがある（杉山，2009）。情緒障害には，発達障害に併発するものがあるが，心理的な要因によるものもあるので，心理的配慮を忘れないようにしたい。

第8章 心の問題の種類と教育相談

1 精神疾患の状態像診断

　精神疾患（心の病）の臨床診断では，以下のいずれかが使われることが多い。

①精神疾患の診断・統計マニュアル（DSM: Diagnostic and Statistical Manual of Disorders）：米国の精神障害の診断基準。現在はDSM-5（第5版改訂版）。

②国際疾病分類（ICD: International Classification of diseases）：世界保健機構の診断基準。現在はICD-10（第10版）。

　精神医学の専門家でない教師には，「精神疾患の診断を正確に下すというより，現在の精神状態像をしっかりと捉え，それへの的確な対応を練ることのほうがきわめて実践的」（福西，2000）である。たとえば，心理臨床的には，精神疾患を「正常水準」「神経症水準」「精神病水準」に分類して理解することが少なくない。また，精神疾患の古典的分類を使用するほうが便利なことがある。古典的な分類では，DSM-IVでは取り上げられていない「神経症」や「心身症」といった疾患名も含まれている。また，「精神病」（統合失調症など）とは，精神症状の程度が重く，たとえば妄想・幻覚のような病的な体験などがあって，現実をふまえた行動をとる能力が損なわれており，しかもそれが長期間にわたって続くような精神状態のことである。

　本書では，専門的な分類にはこだわらないで，児童生徒に比較的多くみられる疾患や知っておきたい疾患を取り上げた。症状の記載については福西（2000），厚生労働省雇用均等・児童家庭局（2008a, 2008b），川瀬ら（2006），氏原ら（2004）を主として参考にした。

なお，精神的，心理的問題を抱える人が，精神医学的治療が必要と考えた場合に，精神科等に診察を依頼することを，精神科コンサルテーション（相談：Consultation）という。最近では，精神疾患は多様化傾向をみせており，若者にも統合失調症，うつ病のほか，拒食症などの食行動異常，人格障害，心身症，被虐待などの問題が多発している。学校においても，精神科や心療内科とのコンサルテーションが重要な問題となっていくであろう。

2 心の問題の種類

1．統合失調症

知覚，思考，感情，自我意識，意思など多彩な精神機能が障害され，陽性症状や陰性症状，認知機能障害が認められる。

陽性症状とは，通常はみられない体験で，幻覚，妄想，激しい興奮，自我障害などである。陰性症状は，通常保持されている機能が失われたあるいは減弱したもので，意欲低下，社会的ひきこもり，思考内容の貧困，感情の平板化などである。発症直後や再発直後（急性期）は陽性症状が活発であり，陽性症状が軽快した後，時間の経過とともに陰性症状が出てくることが多い。家庭や学校で，陽性症状がみられた場合は，ただちに精神科などに紹介する。

統合失調症は5歳くらいから発症するといわれ，13〜14歳頃から急増，年齢が上がるにつれて成人の有病率約1％に近づく。明らかな原因は不明であるが，遺伝子異常や神経発達障害などの生物学的要因と心理社会的要因が関連して発症すると考えられている。

DSM-IVでは，妄想，幻覚，解体した会話，ひどく解体したまたは緊張病性の行動，陰性症状のうち2つ以上が，それぞれ1か月の期間ほとんどいつも存在する場合をいう。

このほか，社会的または職業的機能の低下，障害の持続的な兆候の6か月以上の存在がみられるが，失調感情障害と気分障害，物質や一般身体疾患による場合は除外される。また，広汎性発達障害の既往がある場合は，顕著な幻覚

や妄想が1か月以上存在している状態とされている。

　子どもの場合は，幻覚・妄想がはっきりせず，発症の結果不登校にいたる場合がある。このような場合，周囲が発病に気づくのが遅れることもある。また，不登校の経過中に発症することもあり，入浴をしない，衣服を着替えない，暴力行為の反復，強迫行為の反復がみられた場合には注意が必要である。友人関係の成立がむずかしく，孤立していじめやからかいの対象になることもある。

2．気分障害

　気分障害は，躁あるいはうつ病性障害（単極性障害）と躁うつ病（双極性障害）に大別される。うつ病性障害は，抑うつだけでなく，全般的な活動性減退，興味や喜びの喪失，食欲障害・睡眠障害などの身体症状をともなう。双極性障害では，躁状態とうつ状態が反復する双極Ⅰ型障害と，軽躁状態とうつ状態が反復する双極Ⅱ型障害がある。うつ状態の程度は変わらない。

　子どものうつ病は，一般に考えられているよりもかなり多く存在するのではないかといわれ，その6か月有病率は児童期（12歳未満）で0.5～2.5％，思春期以降（12～17歳）で2.0～8.0％の範囲にあるとされている。子どものうつ病は，単独で出現するよりも，他の精神障害（ADHD，行為障害，不安障害，摂食障害など）と併存して出現することが多い。

　うつ病の身体症状には，睡眠障害（入眠困難・中途覚醒・早朝覚醒），食欲の変化，疲労感・易疲労感，自律神経症状や消化器症状がある。うつ病の精神症状は，抑うつ気分，関心・興味の減退，意欲・気力の減退，知的活動能力の減退，自責感・無価値観，疼痛，妄想，日内変動（午前中は元気がなく，午後から徐々に元気が出てくる）などである。なお，うつ病のなかでも，精神症状はめだたず，睡眠障害や食欲低下などの身体症状，頭痛やめまい，動悸などの自律神経症状が前面に出るものを仮面うつ病という。

　躁病の身体症状には，睡眠障害（あまり眠らなくても平気になる），食欲・性欲の増加がある。躁病の精神症状は，気分の変動，多弁・過活動，妄想，観念奔放などである。

　子どものうつ状態の特徴として，子どもの場合，うつ状態を言語化するのがむずかしく，表情，行動，身体症状などで表現する。具体的には，「よくしゃ

べる子が無口になる」「布団から出てこない」「学校へ行かなくなる」「理由もなく，めそめそする」などの抑うつを中心とするものや，「いらいらして当たり散らす」「質問が終わる前に答える」「話の内容が大げさになる」などが出現する。

知的障害をともなわない広汎性発達障害でも，思春期になってうつ状態や躁うつ状態を示すことがある。また，うつ病は内因性精神疾患であるが，最近はストレスによる心因性としての反応性うつ病が増加している。また，最近の若者には，「自己中心的で，自分にとって好きなことがあると元気になり，都合が悪いと調子が悪くなるという気分反応性が見られ」，自責感に乏しく他罰的な傾向がある（傳田，2009）といった，いわゆる「新型うつ病」もみられるとの指摘がある。

3．摂食障害

思春期から青年期の女性に多く発症するが，前思春期や成人後の発症も報告されている。原因はさまざまであるが，精神発達的問題，思春期の自立葛藤，対人ストレス，ボディイメージの障害，親子関係病理などの心理社会的問題が複雑に絡み合っていることによって発症する。また，やせ願望，ストレス発散といったことから発症することもある。摂食障害には，緊急的な対応（自殺企図や体重減少による生命の危機などの場合）を要することもある。拒食では，標準体重の75％を下回ると入院が必要になり，55％を下回ると死亡確率が高くなる。

摂食障害は以下の2種類に大別される。

①神経性大食症（Bulimia Nervosa）：過食，嘔吐が中心

ある一定の時間内に，通常の人が摂取するよりも明らかに多い食事をとる。一度食べたら止まらなくなり，自分で食べることをコントロールすることができなくなる。過食の後は肥満への恐怖心のため，自己誘発性嘔吐や下剤の乱用がみられる。

②神経性無食欲症（Anorexia Nervosa）：拒食，やせが中心

極度にやせているにもかかわらず，まだ太っていると本人は思い，さらにやせることを望む。病気であることを認識しておらず，周囲の心配をよそに活動

的に日常生活を送ることもある。体重減少とともに，集中力が低下して疲れやすくなったり，抑うつ気分になったり，その他の影響が心身両面にでてくる。

4．不安障害

　不安とは，現実のものではない漠然とした恐れや危険に対する，取りとめのない感情である。不安が，その人の年齢や経験を考慮しても，その質や程度，回復過程に異常な度合いがみられる場合を病的不安という。

　不安障害には，パニック障害，強迫性障害，外傷後ストレス障害，急性ストレス障害，分離不安障害，全般性不安障害（日常生活のなかで，過剰な不安と心配が慢性的に続く状態をいう。症状としては，いつもなんとなくイライラしたり，集中できなかったり，不眠に悩まされる）があり，このほかにあまり恐れる必要のない対象・状況・場面に強い恐れを抱くものとして，広場恐怖（不安や恐怖により公共的場所等を避ける），社会恐怖（人前で話すことなどに対する恐怖。後述），特定の恐怖症（特定の状況や対象に対する恐怖）などがある。

(1) パニック障害

　全人格を揺るがすほど強い不安，恐怖，脅威が突然出現し，動悸，心悸亢進，呼吸困難，発汗，身震い，息苦しさ，胸部不快感，吐き気，めまい感，現実感喪失，「気が狂うのではないか」とか「死ぬのではないか」という恐怖などが突発的に起こることをパニック発作とよび（DSM-Ⅳ-TR），発作は強い不安感や恐怖感をともなう。また，一度この発作を体験すると「次にまた発作がくるかも」という予期不安を絶えず感じるようになる。発作を恐れるあまり，外出が困難になる場合もある。パニック障害には，広場恐怖をともなうものと，ともなわないものがある。

(2) 強迫性障害

　強迫観念（不合理な内容の考えが意に反して頭の中に浮かんでくること）と強迫行為（ある行動に駆り立てられて，それを行わないと気がすまないこと）によって不安を軽減しているが，時間の浪費，不合理性が著しく，個人の通常の生活，対人関係などを損なうもの。

　強迫観念としては，排泄物や汚れなどへの心配・嫌悪。火事や病気が起こるのではないかという恐れ。過剰な祈り。秩序，正確さや，数字へのこだわり。

禁じられた，あるいは倒錯した性的思考，などがある。強迫行為としては，過剰なあるいは儀式化された手洗い，入浴など。ドア，鍵，ストーブ，電気装置の確認。唾はきなどの儀式などがある。有病率は，0.5％～4％。全体の3分の2が25歳以前に発症する。治療としては，薬物療法のほか，行動療法，認知行動療法，家族療法などがある。

親は，強迫行為を叱らず，不要な行為であると思っていることを子どもに伝え，「しなくても大丈夫」という安心を保障し続ける対応が望まれる。教育相談でも，同様の支援をすると同時に，親を支援することが必要である。

(3) 外傷後ストレス反応

「外傷後ストレス障害（Post Traumatic Stress Disorder: PTSD）」とは，本人または他人が，危うく死ぬ，または重傷を負うような出来事に遭遇し，強い恐怖，無力感または戦慄といった脅威の体験をすること（心的外傷体験）により，心身の特有な反応を生じることである。

PTSDの基本症状（PTSDの3大症状）は，①侵入想起（再体験）：心的外傷体験の記憶が意図しないのにくり返し生々しくよみがえる（フラッシュバック）とか，悪夢をみる，②回避，まひ：その外傷体験に似た状況や関連する状況を意識的あるいは無意識的に避けようとする。また，それにともなって感情や感覚などの反応性がまひする，③過剰覚醒：持続的な知覚過敏状態と警戒心の増大（睡眠障害，易怒性，過度の驚愕反応），交感神経系の亢進状態があげられる（DSM-Ⅳの診断基準は，低年齢児には適用しにくいので，3大症状が少なくとも1つあればよいとする意見もある）。

なお，トラウマをもたらす出来事には，戦争，捕虜体験，犯罪被害，性的被害，児童虐待，家庭内暴力，いじめ，誘拐，事故，自然災害などがある。最近の日本では，阪神淡路大震災，地下鉄サリン事件がある。

言語表現力が未発達な子どもは，①恐怖を，まとまりのない行動，興奮した行動や不機嫌によって表現する，②外傷体験の一側面を表現する遊びをくり返したりする（ポストトラウマチック・プレイ），③内容のはっきりしない悪夢，④分離不安や退行，身体化（頭痛・腹痛），といった症状を呈しやすい。

対応は，とにかくその子が安心と安全を得られるような環境を確保する。保護的な人ができる限りいつも近くにいて，子どもの愛着行動を受けとめる。外

傷体験について不用意に問いただすことは避ける。

　PTSDは，１回の天災や人災といった単一で，比較的短期のトラウマ後遺症だけを問題にしている。この急性一過性のPTSDは，治療的には容易なところがある。しかし，長期反復性の虐待は，いじめであろうと，家庭内暴力であろうと，児童虐待，とくに女児の性的虐待であろうと，ことに発達期に受けた場合には，形成途中の性格に甚大な悪影響を及ぼさずにはすまない。

　このように，長期，慢性にトラウマを受けてきた被害者の症状の範囲は，現在PTSDの症状とされているものより多彩で，中心的症状は，衝動性，感情障害，解離性障害，自傷行為，対人関係障害などであるから，従来のPTSDと区別して，ハーマンの「複雑性PTSD（Complex PTSD）」(Herman, 1992）の概念が有益であると思われる。なお，トラウマの理解には，金（2001）がわかりやすい。

(4) 社会恐怖

　集団内で他の人から注視される恐れを中核とし，社交場面を回避する。典型的には10歳代半ばで発症する。恥をかくような体験に続いて突然発症することも，徐々に起こることもある。

５．チック障害

　とくに器質的に異常があるわけでもないのに，「首を振る」「瞼がピクピク動く」「肩を動かす」「奇声を発する」などの不随意的な運動が出現する。チックは身体のさまざまな部位に現れるが，普通は顔と瞼に現れやすい。児童期の子どもに最も多く生じているといわれ，４～11歳頃の発症が多く，６～７歳頃が最多である。女子より男子に多い傾向がある。子どもの10～20％が何らかのチックを経験する。大多数が１年で消失する。対応は，家族や本人に適切な理解と対応をうながすことが基本である。①原因は親の育て方や本人の性格ではない，②チックは変動性があるので，些細な変化で一喜一憂しない，③家族はチックをやめるように叱らず，チックを本人の特徴の１つとして受けとめるなどを伝えていく。

6. 自傷行為

怒り，恥の感覚，孤立感，不安，焦燥，緊張，抑うつなどの不快な気分に対処するために，自分の身体に意図的に，切る，殴る，焼く，突き刺すなどの方法で，非致死的損傷を加える行動である。中高生の10％に刃物で身体を切る自傷行為の経験があり，そのうち約半数が10回以上の経験があるとの調査がある（厚生労働省雇用均等・児童家庭局，2008b）。青年期に好発し，治療機関を受診するのは女性が多いが，一般人口では性差はない。行為は1人で行い，行為自体が秘密にされることが多い。原因は，①現在のストレス（重要他者との葛藤，喪失体験），②虐待，過干渉，不適切な養育，家族内の暴力，いじめ被害など過去の体験に起因するストレス脆弱性，③インターネットやメディア報道，自傷行為を行う友人・知人の存在といった環境的要因，④脳内のセロトニン不活性，などの要因が複合的にはたらいているとされている。境界性人格障害などの人格障害，うつ病，摂食障害，パニック障害，PTSD，解離性障害などと併存することが少なくない。

7. 心身症

心身症とは「身体疾患の中で，その発症や経過に心理・社会的因子が密接に関与し，器質的ないし機能的障害が認められる病態をいう。ただし神経症やうつ病など，他の精神障害にともなう身体症状は除外する」（日本心身医学会，1991）とされている。

表8-1　各科にみられる心身症の例

循環器系	高血圧
呼吸器系	気管支喘息，過呼吸症候群
消化器系	潰瘍性大腸炎，過敏性腸症候群，夜尿症
内分泌代謝系	肥満症，糖尿病
神経系	頭痛
小児科系	起立性調節障害，夜驚症
皮膚系	円形脱毛症，じんましん，多汗症

心身症の発症には，心理的・社会的な要因が大きくかかわっていると考えられているが，そのメカニズムはいまだに十分に解明されていない。持続するストレスが，神経系を介して免疫系に影響を与え，それがある程度続くと身体に異常をきたすのではないかと考えられている。心身症では身体的な治療が優先されなければならない。教育相談では，まず十分な休養をとるように指導する。面接では，児童生徒の訴えることを受容，共感的に聞いていき，つらさや苦しさを共感的に理解することが基本となる。また，ストレスや，その受けとめ方，対処の仕方，生活スタイルなどを念頭におきながら相談を進める。交流分析で自分の生き方について洞察を深めることや，自律訓練法などもよく行われている。ストレッサーとなっている環境調整が必要になることもある。

8．緘黙症（場面緘黙・選択的緘黙）

　緘黙とは，口をきかない状態を中核とするいくつかの傾向（引っ込み思案・自信のなさ・不安・緊張・対人恐怖・学業不振・劣等感）の症候群であり，緘黙はそのうちの困難のめだつ傾向の1つに過ぎない。

　緘黙児の状態は，たんに話さないという面にだけあるのではない。①緘黙傾向：特定の場所で緘黙（話す能力をもっており家では話すなど），②非社会的傾向：社会的場面で他人とのかかわりを避けようとする，③行動抑制的傾向：動作行動が緩慢で，状態が悪化してくると動作そのものが封じられるなどの状態がみられる。

　緘黙の指導は口をきかせることであると即断しないことが大切である。緘黙は，集団生活への適応の失敗の一形態としてとらえること。緘黙児は，集団場面で過度の緊張をともなう結果，適切な言語行動がとれなくなっている状態にある。まず親や教師が適切な手を差し伸べる必要があり，早期治療が重要だが，専門機関だけでの治療ではなかなかうまくいかない。担任教師や友達を治療のなかに組み込んでいくためにも，教育相談担当者の役割が重要である。受容的対応を原則とし，発話させることを急がない。まず，不安や緊張をとり，次に集団場面へ適応するためのスキルなどを教えることも効果がある。周囲の子どものはたらきかけが効果的。友人との遊びのなかで，自然に返事や笑い声が漏れるようにはたらきかけ，遊びに熱中できるように行動を拡大させる。「声が

出た！」などは絶対に言わないで，後でそれとなく指摘して，自信をもたせるようにする。一時的によくなっても途中でやめないで，長期的な取り組みをする。また，教師と親との協力体制をつくる。

3　児童生徒の心の問題への対応

　学校は治療機関ではないので，教育相談と称して安易に治療的かかわりを続けることは避け，治療の必要な児童生徒には受診を勧めたい。ただし病気を認めたくないとか，社会的体面などの理由で，本人や保護者が納得しないことがある。保護者によっては，「専門家でもない教師に何がわかるのか」と反発する向きもある。そういうときにはスクール・カウンセラーの協力を得るとか，検診の際に校医に助言してもらうなどの工夫をする。また通院初期に多い訴えに，薬が効かない，症状が改善しない，というものがある。それぞれ効果が出るまでにある程度の期間が必要なことも少なくないので，主治医と相談するように勧め，通院を維持するように支える。しかし医者も万能ではない。家族や学校などの協力がなくては，治療効果が上がらないことも少なくない。通院加療を受けている児童生徒への教育相談が環境整備や生活への支援であるとしても，十分に価値のある専門的な仕事であることを銘記したい。

　また，教育相談において，心理療法の技法を使う際には，用い方を誤ると危険があることなどについて熟知しておく必要がある。たとえば，うつ病患者に対し心の深層まで掘り下げて聞きすぎて自殺された治療者もいるし，症状を悪化させたり，非行少年にますます非行を重ねさせたりすることも少なくない。

　われわれの仕事として，病気の回復にわずかでも貢献できることは意義深いことであるが，「悪くしない」ことのほうがもっと大切ではなかろうかと思う。悪くさせないでかかわっていれば，時間の経過とともに，本人の成長や環境の変化で事態が好転することも少なくない。教育相談においては，受容・共感的なかかわりやカウンセリング・マインドでのかかわりで，児童生徒に付き添って歩むような心持ちを大切にしたい。

Column⑤ 児童虐待

　被虐待児童は，児童福祉法による要保護児童として対応されていたが，児童虐待の増加（相談件数は，1998年は6982件，2000年は17725件，2017年は103260件）が深刻な社会問題となり，平成12（2000）年に，「児童虐待の防止等に関する法律（児童虐待防止法）」が成立した。

　その後も児童虐待防止対策の実効性を高めるため，児童虐待防止法・児童福祉法の改正がなされてきている。直近では，平成28年（2016年）5月に，発生予防から自立支援まで一連の対策の強化を図るため，児童福祉法の一部を改正する法律が成立している。

　ここでは児童虐待防止法に関していくつかの点を指摘しておこう。

　児童虐待防止法第2条は，保護者がその監護する児童に対して行う4種の虐待行為（①身体的虐待，②性的虐待，③ネグレクト，④心理的虐待）を「児童虐待」と定義している。

　同法第14条は，「親権を行う者は，児童のしつけに際して，その適切な行使に配慮しなければならない」（1項）とし，児童虐待に係る暴行罪，傷害罪について，「親権を行う者であることを理由として，その責めを免れることはない」（2項）とした。しつけと体罰との厳密な区別は難しい（川崎2006，上野1996）ところから，養育者が虐待ではなくしつけだと反論する事例があり，児童相談所が苦慮することがあったことに配慮したものである。

　虐待を発見した者は，速やかに通告する義務（同法第6条）がある。さらに，学校，学校の教職員等は，「児童虐待を発見しやすい立場にあることを自覚し，児童虐待の早期発見」（同法第5条1項）や，児童及び保護者に対する児童虐待の防止のための教育又は啓発（同3項）に努めなければならないとされている。

　また，学校，学校の教職員等には，虐待を受けた子どもの教育的支援（第13条の2）が求められている。児童虐待に係る資料・情報の提供については，地方公共団体の機関は情報を提供することができると従前から規定されていたが，民間の医療機関や学校等はその主体に含まれておらず，個人情報保護や守秘義務の観点から情報提供を拒むことがあった。情報は児童の安全を確保し，対応方針を迅速に決定するために必要不可欠であることから，改正を経て，学校，学校の教職員等も，児童相談所長等から児童虐待の防止等に関する資料又は情報の提供を求められたときは，これを提供することができるものとされた（第13条の3）。

第9章 心理テストとその利用

1 心理テストについて

　生徒を理解する方法の1つに心理アセスメントがある。アセスメント（assessment）とは，「査定，評価」といった意味であり，心理アセスメントは面接や心理テストによって査定することである。教育での「評価」に相当する。本章では学校教育相談で使いやすい心理テストについて主として紹介するが，生徒のアセスメントは心理テストのみによってなされるものではないことに注意したい。心理テストは標準化されたものが，解説書とともに販売されている。テストの実施方法や解釈法はまずそれから学ぶのがよいと思われるので，本章ではテストごとの文献は紹介しない。
　生徒理解の具体的な方法には次のようなものがある。
　①観察法：生徒の日常の行動を観察することによって生徒を理解する方法である。特異な行動，めだつ行動は把握しやすいが，ささいな言動やサインを見逃しやすい。②面接法：生徒と対話することによって生徒を理解する方法である。生徒を全人的に把握することができる。治療的，支援的，開発的，指導的といった個別指導ができる。③作品法：生徒が作成した作品（作文，絵画など）から，生徒を理解する方法である。④検査法（テスト法）：心理テストの結果をもとに理解していく方法である。

1．心理テストの信頼性，妥当性

　テストは，信頼性と妥当性をもっていなければならない。信頼性とは，測定の安定性，正確さのことである。いわば，ものさし（テスト）の目盛りが正確

であるかどうかという尺度の精度のことである。妥当性とは，テストが，的を射て自分の調べたいことを測っているか，というものである。水の量を温度計で測っても妥当性はないということである。

2．心理テストの効用と限界

心理テストの効用としては，①客観的・科学的に診断できる，②短時間に多方面にわたり診断できる，③観察や面接ではわからないことが診断できる，④深層心理が診断できる，⑤指導相談の指針を得る，などがある（松原，2002）。教育相談においては，テストの結果を生徒とのやりとりの材料に使っていくという利用法もある。また，限界としては，①あくまでも補助的道具であり，いかに利用するかは人間の仕事である，②テストによっては信頼性が乏しく，十分に標準化されていないものもある，③投影法は査定がむずかしいといったものがある（松原，2002）。

3．心理テストの実施上の問題

心理テストについては，いくつかの注意事項がある。
①心理テストを実施するのは，生徒の成長のためであり，生徒を理解し今後の支援のために行うこと。
②テストを実施するにあたっては，その趣旨を十分に説明して行うこと。
③目的としていることを知るのに適切なテストを選択すること。
④安易にテストを実施しないこと。テストを実施する資格などは，アメリカなどと比べて日本ではまったくの野放しであるが，とくに投影法などは相当に勉強し練習しないと実施しないという自己規制が必要かと思う。
⑤フィードバックすること。テストの結果の伝え方は，専門用語を使わないで，相手にわかる言葉を使うこと。また，くれぐれも慎重に行うこと。昔の話であるが，教師からテスト結果を聞いた生徒が自殺したと聞いたことがある。問題点をそのまま直接指摘するのではなく，含みをもたせて，話題の材料にするくらいの気持ちで，たとえば「こういうところなど，いろいろよい所がたくさんあるなあ。とてもいいよ。ただ，この辺が少しだけ気になるんだけど，どうなのかなあ。そういうところって思い当たること

あるかなあ」と伝えるような配慮はしたい。
⑥守秘義務を守ること。テストの結果は生徒のプライバシーである。
⑦テストバッテリー（いくつかのテストを組み合わせて施行すること）を考慮すること。
⑧心理テストの結果を鵜呑みにし，生徒にレッテルを貼らない。面接や日常の観察で補って，生徒を把握していくことが大切である。

4．慎重な配慮が求められるテスト

以下のテストは，従来は学級内の人間関係等を把握するテストとして，教育相談や教育心理学等でも紹介されてきたものである。

(1) ソシオメトリックテスト

モレノ（Moreno, J. L.）によって考案された，集団の人間関係を測定するためのテストである。集団の成員間の好き嫌いといった感情を調べることによって，人間関係を測る。質問項目は，「遠足ではだれと同じグループになりたいですか」といったものである。

(2) ゲスフーテスト

ゲスフーテスト（guess-who test）は，「クラスで何か決めるとき，いつも意見を言うのはだれですか」というように，実際の行動をたずねることによって，児童生徒の社会的地位を測定するものである。

(3) 学級社会的距離尺度

これは，本人以外の生徒の名前をあげ，だれを親友にしたいか，自分のグループにいてほしくない人はだれか，といった質問をして，一覧に整理していくものである。

これらは，近時の人権感覚からみて，保護者らからクレームのつきやすいテストであると思われるので，学校での使用にはとくに慎重な配慮が求められる。

2　知能テスト

知能テストには主に以下の2つのものがある。

(1) ビネー式知能検査

「ビネー式知能検査」は，フランスのビネー（Binet, A.）とシモン（Simon, T.）によって開発された。日本では，田中・ビネー式知能検査や鈴木・ビネー式知能検査がある。

(2) ウェクスラー式知能検査

ウェクスラー式知能検査は，ウェクスラー（Wechsler, D.）によって考案された知能検査である。知能構造の診断ができるようになっており，言語性IQ，動作性IQ，および全検査IQを求めることができる。

成人用のWAIS（ウェイス：Wechsler Adult Intelligence Scale），児童用のWISC（ウィスク：Wechsler Intelligence Scale for Children）や低年齢者用のWPPSY（ウィプシィ：Wechsler Preschool and Primary Scale for Intelligence）がある。WISC-Ⅲ（児童生徒用検査第Ⅲ版）は，軽度発達障害の判定に用いられることがある。

3 質問紙法

あらかじめ質問項目群を設定し，それに対する回答を「はい」「いいえ」などで求める方法である。長所は，短時間で多くの資料を得ることができる，数量的処理が容易にでき，比較が客観的にできる，などである。短所は，自己申告なので，被検者によっては結果が信頼できないものになることなどがある。

以下に紹介するテストは，歴史もあり，習熟するのに投影法ほどの時間がかからないので，教育相談などでも使いやすいと思われる。

(1) 矢田部－ギルフォード性格検査（Y－Gテスト）

ギルフォード（Guilford, J. P.）が開発した検査を，矢田部達郎が再構成したものである（図9-1参照）。

情緒的安定・不安定，社会的適応・不適応，活動性・非活動性，衝動性・非衝動性，内省性・非内省性，主導性・非主導性の6つのグループ（因子）で，構成されている。「いろいろな人と知り合いになるのが楽しみである」といった質問項目に，○×式で回答し，その結果がプロフィールで表される。実施し

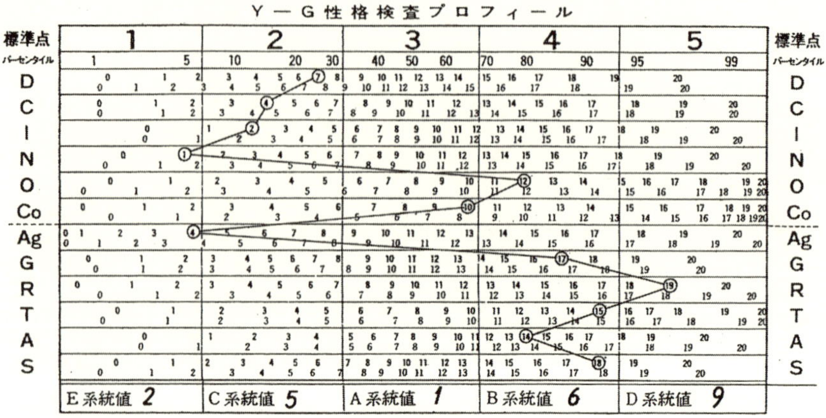

図9-1　Y-G性格検査の例（八木，1987）

やすく，採点しやすいテストであり，学校，会社，相談機関など多くの場で使われている。

(2) エゴグラム

　エゴグラムは，交流分析の創始者エリック・バーン（Berne, E.）の弟子のデュセイ（Dusay, J.）が考案した。さまざまなエゴグラムが開発されているが，ここでは，東大式エゴグラム（Tokyo University Egogram: TEG）について述べる。

　エゴグラムは，交流分析の3つの自我状態（P，A，C）のバランス（第4章参照）を知ることで，性格特性を知ることができる。P（親の自我状態）は，CP（批判的な親）とNP（養育的な親）とに分かれ，C（子どもの自我状態）はFC（自由な子どもの自我状態），AC（順応的な子どもの自我状態）に分かれるので，A（大人の自我状態）と合わせて，5つの機能側面をグラフに表す（図9-2参照）。

　短時間で実施でき，慣れてくると瞬時に性格特性が把握できる。質問項目に，当てはまるものに○，当てはまらないものに×という具合に回答していく。その結果がグラフで示されるので，生徒に示しながら，結果を説明することができる。エゴグラムのすぐれているところは，自分の性格を変えるための方策が立てやすいことである。グラフの低いところを上げるようにすれば，全体のグ

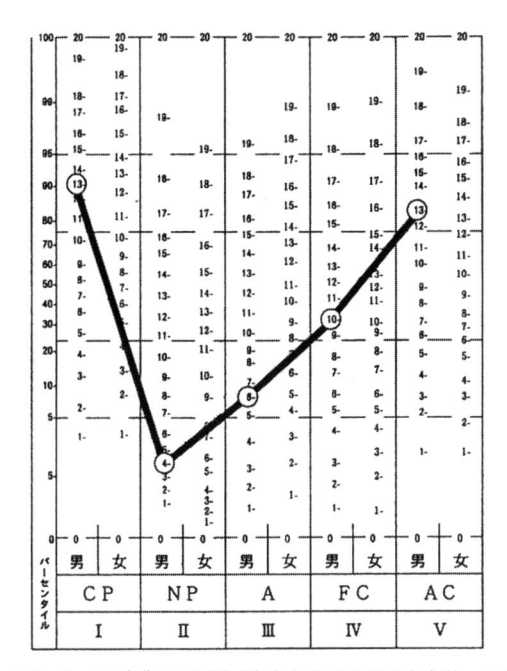

図9-2　エゴグラムの例（東京大学医学部心療内科，1995）

ラフが変化する。たとえば，Aが低いとすると，Aの質問項目で，×や△がついている部分を○にするように話し合っていくという方法もとれる。

(3) 親子関係診断テスト

わが国では，いくつかの親子関係診断テストが作成されている。そのうち「田研式親子関係診断テスト」は，親の養育態度について，「受容－拒否」「支配－服従」の軸からとらえ，拒否（積極・消極），支配（厳格型・期待型），保護（干渉型・不安型），服従（溺愛型・盲従型），矛盾，不一致の10類型に分類している。

このテストでは，両親による自己評価と，子どもによる評価が測定され，親の養育態度が「安全地帯」にあるか，「危険地帯」にあるか，その「中間地帯」かがグラフに表示される。全体のバランスや，親子の養育に対する認知のずれなどが，視覚的に把握できるようになっている。このテストは非行，不登校，家庭内暴力等に関する相談機関などでも，多く実施されている。

4　投影法

　被検者が自由に反応できるような，曖昧で多義的な刺激を与え，表出された反応からパーソナリティの特徴や問題点を診断する方法である。それらの刺激に心の深層（無意識レベル）が投影されるという考えである。

　投影法の長所には，人格の深層を把握することができる，うそがつきにくい，などがある。また，短所は，結果の解釈が検査者の判断に依存する，実施に熟練を要するなどである。

　投影法テストでは，ロールシャッハテスト（10枚からなるインクのしみへの反応から性格を診断する）やTAT（主題統覚検査：絵画に描かれた状況から空想的物語をつくらせることにより性格を診断する）が有名である。教育相談の教科書に取り上げられることは多いが，テストに習熟するまでにかなりの期間がかかることなどから，教師向けではなく，学校現場ではあまり使われていない。

(1) SCT（文章完成法）

　SCT（sentence completion test）は，「子どもの頃，私は＿＿＿」，「私がひそかに＿＿＿」といった未完成の文を示して，それに続く文章を自由に完成させて性格特性を把握するテストである。刺激文の項目には，「家族関係」「対人関係」「自己概念」（過去の自己，現在の自己など），「実存的価値」（生，死，思い出など）がある。小学生用から成人用まである。

　ロールシャッハほどの深層は把握できないが，無意識的な層を幅広く把握できるテストである。作文のようなスタイルのテストであるが，熟練してくると相当程度のことが把握できる。自殺のサインを読み取り保護者に注意を喚起しておいたため，自殺を防止できたという話もある。またカウンセリング場面で，このテストの任意の項目を使って面接の話題作りに使うカウンセラーもいる。

(2) P－Fスタディ（絵画欲求不満テスト）

　ローゼンツァイク（Rosenzweig, S.）によって開発された。絵画に示された欲求不満状態にある人物と同視して反応することで，個人の背後にある性癖や傾向を明らかにするテストである。児童から成人用まで作成されている。

マンガのようなふきだしのある場面で，左側の人物が右側の人物に欲求不満を起こすような発言をしており，右側の人物の空白のふきだしに自由に言葉を記入してもらう。結果は，アグレッションの方向と，アグレッションの型の組み合わせで評定される。アグレッションの方向とは，欲求不満をもたらした責めをだれに求めるかというもので，他人か，自分か，はぐらかすかに分かれる（他責的・自責的・無責的）。アグレッションの型には，障害優位型（障害の強調に固執する），自我防衛型（自我の強調に固執する），要求固執型（問題の解決に固執する）の3つの型がある。

(3) バウム・テスト（樹木画テスト）

コッホ（Koch, K.）によって創始されたテストである（図9-3）。このテストは，生徒の心の全体的イメージをつかむために，診断の補助的手段として使うものといえる。A4の画用紙と鉛筆があれば，実施できる。対象も，3～4歳以上から成人まで可能である。「実のなる木を1本描いてください」と教示する。「木を1本描いてください」と教示する検査者もいる。

まずできあがった木の全体的印象を把握する。木に生徒の心の全体像が出ているという心持ちで見ていくと感じがつかめると思う。次に，ていねいかどうか，描画にゆがみがあるかどうかなどを把握していく。こういった解釈の指標はいろいろあり，幹や根一つをとっても，コッホの説明では多くの象徴的解釈が示されているので，初心のうちは読み取りがむずかしいかもしれないが，生徒の心象風景がよくつかめるテストである。

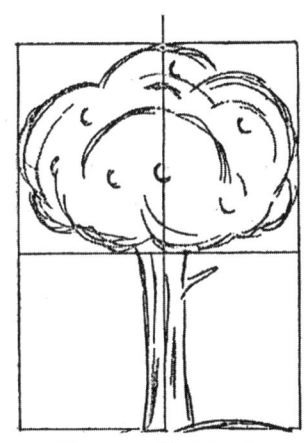

図9-3　バウムテスト
(Koch, 1952)

(4) 風景構成法

中井久夫により，箱庭療法をヒントに創案されたものであり，現在広く使われている。画用紙にサインペンで枠をつけてから，検査者が言うものを1つ1つ枠の中に書いてもらうことを教示し，サインペンをわたして実施する。「川，山，田，道，家，木，人，花，動物，石，足りないと思うもの」を順に

告げて，書き入れてもらう。そして，彩色し完成させる。

A4の画用紙，サインペン，クレヨンがあれば実施できる。臨床現場でも広く使われているが，ユング心理学の理論や箱庭療法の見方を参考に解釈されているのが現状である。

(5) 家族画法

家族画法（family drawing test）には，合同家族描画法，家族診断法などがあるが，そのうち動的家族描画法（KFD: kinetic family drawings）は，家族が何かしているところを絵に描くものである。解釈は，人物像の特徴，行為，描画の様式，象徴の4項目を主体にしている。主たる適用範囲は幼児から青年期である。家族画は，被検者の情緒的世界が投影されやすく，家族療法と関係する不適応行動の原因の所在を探索するのに使われることが多い。解釈が検査者の力量に依存しまうところが難点である。

5 作業検査法

作業検査法とは，比較的単純な作業を行わせ，パーソナリティなどを診断するものである。作業検査法にはいろいろなものがあるが，代表的なものに，内田－クレペリン精神作業検査（図9-4）がある。1桁の数字を足していく作業をさせ，その作業量の傾向から，人格の傾向を把握していく。これは集団で実施されることが多い。精神疾患の診断，矯正施設での鑑別診断，採用試験などの適性検査として広く使われている。

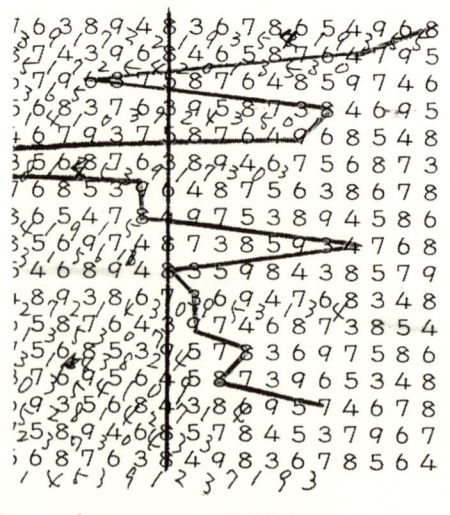

図9-4　内田－クレペリン精神検査の例 (外岡, 1973)

6　Q-U

　Q-U（Questionnaire-Utilities）は，河村茂雄によって開発され，学校現場で多く使われている診断尺度である。河村はQ-Uをテストと称することには謙抑的である。問題を抱えていても教師に言えない子どもたち，いじめ被害や不適応の子どもたちを発見するためにも使われている。短時間で実施でき，学級全体を把握できる利点がある。

　理論的背景は，マズローの欲求階層説における，「所属欲求」「承認欲求」に着目したものである。Q-Uには以下の3つの尺度がある。①学校満足度尺度：生徒の承認感や安心感を測定する。ヨコ軸に被侵害得点，タテ軸に承認得点をとりQ-Uプロット図で示される（図9-5）。②学校生活意欲尺度：友人との関係，学級との関係，教師との関係，学習意欲，進路意識などを測定する。③ソーシャルスキル尺度：生徒のソーシャルスキルを測定する。Q-Uを利用して，学級の状態を把握しよりよい学級にするための取り組みができる。また，いじめを受けて不安で，孤立感を抱いている生徒を把握して支援をする取り組みなども行われ，成果をあげている。

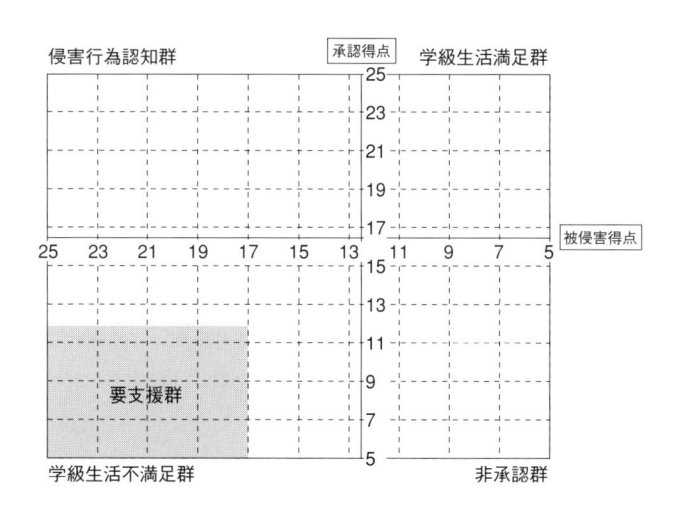

図9-5　Q-Uの例（河村，2006）

7 おわりに

　筆者はかって,「心理テストによるとこういう人物です。だから…すべきです」といった発言に何度か接したことがある。「だからどうなんだ。自分を客観的なところに置いて人を測るな」といいたい。9割失敗してきた生徒にでも1割に賭けてかかわっていく。それが教育実践だと筆者は信じている。テストは使い方によっては有用であるが,テストにとらわれすぎた「テスト屋」にはなりたくない。

　心理テストは意図的に組み立てられたものであって,人間の心をその意図に沿って切り取る側面がある。それは人の心のある側面を示すものでしかない。われわれは心理テストの結果を示されると,あたかもそれが絶対的に正しいものと受け取りがちであるが,実際にクライエントに会ってみると,テスト結果と違う印象を受けることも少なくない。それにテストは将来の生き方までは示してくれない。教師と事例研究などをしていると,テスト結果よりも教師の日常の観察のほうがよほどその生徒らしさを把握しており,将来につなげるものを垣間見ることができる場合が少なくない。そこを切り開いていくことが教育実践であると思う。

第10章 教育相談と事例研究

1 事例研究の意義

「事例（case）」とは，当事者や，当事者の行為や症状のみを対象としていう言葉ではなく，これらと関係する教師も含めたひとまとまりのゲシュタルトのことである（河合ら，1977）。したがって，ある問題を抱えた児童生徒だけではなく，彼らとかかわる教師，家族などのあり方やかかわり方もその言葉には含まれる。

事例研究の一般的な意義としては以下のようなものがあろう。

①事例に対する理解が深まり，生徒支援の質を高める。

事例提供者は，事例を提供するために事例を考察し，言語化していく過程で，事例を掘り下げて再考することができる。事例研究会では，参加者が自分たちの意見や経験を出し合うことによって，事例に対する理解が深まり，支援の質が高まる。的確な助言により，今までと違った理解や支援が学べる。

②教師相互の連携が深まり，援助のための協力関係を形成，強化できる。

事例に対する共通理解が形成され，援助目的が共有されることで，それぞれの立場からの支援を明確にでき，支援の協力関係を構築できる。たとえば中1ギャップについて，小・中合同の事例研究会を開く場合のように，参加者が相互の対応について学び，連携を強化し，対策のための有機的な組織がつくられる。

なお，事例研究では個別的な問題を扱うが，「最も個人的なものが，最も普遍的なものである」（Rogers，1961）というところがある。徹底的に個別性を掘り下げていくと，全体性に通じるようなものがみえてくる。このことが事例

研究の大きな意義であろうと思われる。

2 さまざまな事例研究法

　事例研究法には，さまざまな種類があるが，ここでは，インシデント・プロセス法などについて紹介しておく。これは，実際の現場で起きたことを扱い，成果が現場の指導の改善に直結しているため，現在の教育界で非常に利用されている方法である。

　インシデント・プロセス法とは，インシデント（事例として実際に起こった事件）を提示し，メンバーはその背後にある事実をリーダーから収集しながら問題の解決策を考えていく事例研究法である（教育技法研究会，1989）。この技法では，参加者が事例の問題解決の当事者になりきって考える。そして，情報を得ていきながら問題を解決していくプロセスが重視される。この方法の本来の目的は，「問題解決の共有化と解決のプロセス理解」（教育技法研究会，1989）にあるとされている。

　インシデント・プロセス法は，①参加者全員が問題解決の当事者として考えるので，いわゆるお客さんが発生しにくく，主体的積極的に参加できる，②資料を準備する必要がないので，発表者の負担が小さい，③発表者が攻撃される構造になっていないので，心理的負担が少ない，などの利点がある。

　以下にインシデント・プロセス法の基本手順を示す（教育技法研究会，1989による）。

①個人別ケースの作成
　仕事上でかかわった出来事で，解決に苦労し教訓を得た実例を1つ選び，出来事（インシデント）を簡単に記述する。
②小グループ別ケースの紹介
　小グループ（5〜6名）別にメンバーの持参したケースを簡単に紹介する。
③討議順位を決める
　討議内容のやさしい順に討議順位を決める。
④討議の進め方

1）問題（インシデント）の提示。
2）事実の収集（メンバーが事実収集の質問をリーダーに投げかける）。
3）問題点の発見と対策の決定（メンバー相互で討議し，「私たちだったらこう解決する」という解決策を考え発表する）。
4）評価（何を学んだか引き出す）。

3 一般的な事例研究の資料作成上の留意点

　従来の一般的な事例研究は，資料の作成に多大の労力がいること，参加者が受動的になりやすいこと，活発な質疑応答ができにくいことなどから，あまり開催されなくなっているようである。しかし，事例提供者が労力をかけるだけのものが得られるように思う。教師の専門性を深めるためにも大いに有益である。そこで，資料作成について簡単に述べておく。

1．提出事例

　検討する事例を1つ選び，検討のための時間を十分にとる。1つの事例をじっくり検討したほうが身につく。

2．資料の書き方

　事例報告に記載する事項は，報告者の名前と所属のほか，①タイトル，②はじめに，③事例の概要，④面接経過と考察，⑤検討したい点などである（山本・鶴田，2001）。

　①タイトルは，事例の内容がいくらかでも反映されているものが望ましいが神経質になる必要はない。「同性の友だちができないことを主訴として来談した女子高校生との面接」「父母の不和が不登校に大きく関係していると思われる生徒の事例」といったものである。

　②はじめにでは，面接期間や回数，事例の特徴を簡潔に述べ，報告者として検討してほしいこと（口頭で報告することもある）などを記載する。タイトルやはじめにの部分には，報告者の「読み」が反映されることが少なく

ない。
③事例の概要では，本人，主訴，家族，成育歴，問題歴，心理検査などの結果などを記入する。これらはプライバシー保護（守秘義務）に注意して表現する。本人や関係者が特定できるような事項は，A子，B市，C高校，D社とし，職種が必要な場合でも，会社員，公務員，農業といった程度にとどめる。日時は，X年4月，X年+1年5月または（X+1）年5月，といった記述にすることが多い。「本人」については，「A子，E高校1年生。制服をルーズに着ており，小声で話す」といったように，服装，態度や簡単な印象などを記述する。「主訴」は面接初期の当面の訴えのことであり，診断名ではない。主訴は，児童生徒自身の言葉を用いながら簡潔に記載する。「対人恐怖症」ではなく，「人と会うのが怖くて学校に行けない」といった記載にする。「家族」では，家族構成を記入する。家族，親族の系譜を図示したもの（ジェノグラム：genograms）を用いるとわかりやすい（図10-1）。「成育歴」では，出生から現在までの出来事を時間軸に沿って，報告者が事例理解に必要と思われる情報も加えて記述する。「心理検査ならびに諸検査の結果」があれば，それについても記入しておく。

④「面接経過」では，客観的な出来事の経過だけでなく，教師と生徒との応答や感じたことも記入する。全体として，生徒のストーリーがうかがえる

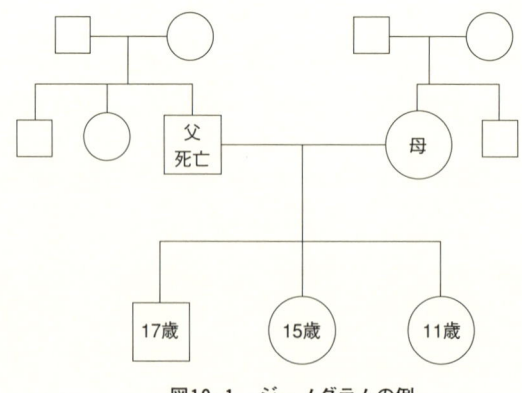

図10-1　ジェノグラムの例

ものであることが望ましい。面接のやりとりについて検討したい場合には，具体的なやりとりを逐語的に入れるなど，適宜工夫して記入する。その際には発言者を区別できるようにしておく。長い事例においては，教師と生徒との関係の変化や本人の変化などによって，Ⅰ期，Ⅱ期といったかたちでかかわりの時期を分けることもよく行われている。「考察」は，どのような情報からどのように考察したのかが読者にわかるように記述する。
⑤検討したい点についても記述する。

そして，資料は回収すること。資料には番号をつけておき，チェックするとよい。

3．構成メンバー

「参加者」は事例を深める最も重要な存在である。積極的な姿勢で参加すること。また，参加者が平等に発言できることが大切である。参加者数にとくに制限はないが，数が多すぎると「沈黙のお客さん」が出現する。多数になる場合には班分けも工夫し，最後に全員でシェアリングをする。また，質問は，検討すべき対象や内容の解決を引き出すようなものが望ましい。なぜこの質問をしたのかという意図なども述べて質問すると，質問内容がより明確になる。

なお，事例や提供者への非難・中傷はしない。自分と意見が異なる部分についても提供者の見解を十分に聞く。

事例提供者が事例を提供してよかったと思うことが成果である。参加者の真摯な意見の交換や，事例提供者が何かのヒントをつかんだ，新しい知見を得た，教育実践に対する意欲が増進したなどのことがあれば，何よりの成果である。

助言者の選定は，事例の性質や提供者の狙いに的確な助言ができる人を選ぶ。司会者は，全体の流れを整理する。参加者が活発に発言できるように工夫する。発言しない参加者に意見を求めることもある。最後のまとめなどをする。研修担当者は重要な役割を担う。日時の設定，事例提供者や助言者の選定，事前準備，事後処理などを担当する。

4　事例の見方のヒント

1．ストーリーを読む

　精神医学者の土居健郎は，精神科面接を「ストーリーを読む」ことにたとえている。「患者の話を，あたかもストーリーを読むごとく，聞かねばならぬ」という。ストーリーは，「人物や事柄を時間的経過を追って述べたまとまった話」であるが，人物の内面や事柄の成立にまで立ち入って述べるとなると複雑になる（土居，1992）。複雑にはなるが，生徒や親の立場になってストーリーを読んでみることは，事例研究として大いに役立つものと思われる。

2．焦点づけて考える

　マックウイリアムズ（McWilliams，1999）は，ケースをみていく際に，①気質的特徴などの変えられないもの，②発達的な問題，③防衛，④感情，⑤同一化，⑥関係のパターン，⑦セルフエスティーム，のそれぞれについてのアセスメントを述べている。これは事例への有益な切り口を提供してくれるものである。そういう見方を参考に，われわれはその生徒に関連するようなテーマを探して，そこに焦点づけて考えていくこともできる。学校に対する気持ち，友達との関係など，多くの切り口があろう。それらを生徒の内面に即して，丹念に理解していこうとすると，生徒の内面のもっと広いものがみえてくることが少なくない。

3．経験を取り込む

　事例をとらえる力というのは，多くの事例に接して，それを自分のなかに取り込んでいくことによって形成される。観察眼を養うためには，観察した事実を自分のなかにピチッと畳み込む訓練が必要である。その積み重ねによって，自分のなかにフィルターがたくさんできて，それが瞬間的に開いて出てくる判断が直感というものである（村瀬，1952）といわれる。

　そのような訓練に，事例研究は最適のものの1つである。自分が体験した

現実と，事例研究で検討した事柄とを，自分のなかで結びつけて保存していく。そういう作業の積み重ねが，現実の事例への対処力を高めるといえる。

　私が助言者の事例で，「最近，教師が封筒に学級通信を入れて開封のまま家に届けてくることを生徒が嫌がる」という記述があった。私の助言は，「これは子どもが親に秘密をもつことと関係する。秘密をもつことは，この生徒の心に親とは別な自分として独立していく動きが生じている過程である」というもので，そういう目で見れば生徒のほかの動きも納得できると参加者の感想があった。こういうふうに，現実の出来事を考察していき，その１つ１つを自分のなかに収めていくことが大切であると思う。

4．その人を理解する

　マックウイリアムズは，すぐれた臨床家が個人（クライエント）についていうことは共通しているとして，「複雑な全体としての個人を情緒的に理解しなければなりません—その人の弱さだけでなく強さも，病理だけでなく健康さも，誤った認知だけでなく最悪の状況下での説明のつかない驚くべき健全さも，です」(McWilliams, 1999) と述べている。治療も，目の前の人の，主観的世界を理解していき，その人に最も適した治療法を見つける必要がある。画一的アプローチなどはない。ある人に助けになる方法が他の人には悪影響を与える場合もあることに留意したい。こういう姿勢でいると，「この人はADHDである。ADHDの特徴はこういう点にあるから，こういうふうに対応しましょう」といったかたちで研究会が終わることの空疎さがわかるであろう。

　さらに例をあげよう。"不登校"という子どもはいない。それは自明のことである。しかし，実際の検討会になると，「初期だから○○しない」「中期なので○○する」といった発言が多くなる。不登校に類型や回復までのパターンがあることはよく知られているし，それらは不登校現象を理解し見通しを得るためには有用である。しかし目の前のＡ男やＢ子はどうなのか。類型では把握できない独自性を示していないか。それを理解していく。事例理解とはそういうものであると思う。

5．未来を考える

　最後に，その生徒がこれから先の人生をどう生きていくかという視点が必要である。生徒への支援はそのような未来に開かれていなければならないと思う。これは言わずもがなのことであるが，実際の事例研究では見逃されやすいので念のために記した。

　その他，具体的なことについては多くのことがあるが，ここでは家族関係について1つだけ記しておく。

　家族については，ジェノグラムを作成するとよい（図10-1参照）。そして，生徒だけでなく，一人ひとりの家族の立場に立って考え，家族の相互の関係についても思いをめぐらしてみてほしい。家族がシステムであること，祖父母から親を経て生徒へといろいろなものが伝わっていることなど，多くのことが読み取れるであろう。ここで筆者の経験を述べておく。

　ある事例研究会でのことであった。夜遊び等の問題行動をくり返すA子は3人きょうだいの真ん中で，15歳。上に兄（17歳），下に妹（11歳）がいるが非行歴はない。父はA子が4歳の時に死亡（図10-1参照）している。開始まもないこの時点で助言者が「A子がなぜ非行にいたったか説明できる人はいますか」と言った。これだけの情報で，A子について何が読み取れるであろうか。

　記憶をたぐって記すので正確ではないかもしれないが，助言の概要は以下のようであった。「上の兄は父が亡くなった時は6歳で，父のイメージをしっかりもっているし，哀しみの体験もあるだろう。いわゆる喪を経験している（フロイトのいう対象喪失・喪の作業という問題）。下の子（父の死後出生）には父ははじめから不在である。A子（当時3～4歳）が一番被害を受けている。喪の作業が終わっていない。哀しみを言葉で十分表現できない頃に父が死亡している。非行とはそういうものである（自分の受けた被害を言葉で十分に表現できない時期の産物）。A子がきょうだいのなかで一番貧乏くじを引いているし，今も（非行のほか何かと）損な役回りをしている」。この助言者の名は土居健郎。それ以降もさまざまな問題が検討されていくのであるが，開始早々のこの時点で筆者には十分衝撃的であった。これ以後，自分のなかで認識の枠組みというか，何かが再構築された気がした。それこそ事例研究の醍醐味であっ

た。読者にもぜひいろいろな事例研究会を体験してほしいと思う。

5 おわりに

　事例研究は，形式にこだわることなく，さまざまな方法で行うことができる。筆者が以前によく行っていた事例の検討は，以下のようなやり方である。

　自分の面接のプロセスレコードの一部を提示して，そこでの応答について検討しあう。こういう発言をしたのはどういう判断からか，なぜそういう受けとめをしたのか，といったことを検討しあう。また，ある子どもの行動だけを簡単に記したものから，どういう子どもであるかお互いに推測したりもした。事例の切り口やテーマを定めて（たとえば親子関係修復の工夫など）検討しあったこともあった。しばしば問題点の口頭報告だけで話し合った。こうなると事例検討ともいえないかもしれないが，役に立つことが多かった。

　誤解を恐れずにいうと，事例研究は「結論」や「検討のプロセス」が大切なのではなく，ある有益な結論や理解が得られたときの，それらを導き出した「判断」のあり方が大事なのである。助言者が，あるときには家族を取り上げ，あるときには本人の内面から考えたとして，発話された結論を学ぶのではなく，その基底にある"ケースをとらえる判断の枠組み"が何かを考えるのである。有能な助言者は必ずそれをもっている。盗むべきはそこであることを銘記しておきたい。

　事例研究は教師の専門性を高めるのに非常に有用な方法なので，いろいろな工夫をして，あらゆる機会をとらえて行ってほしい。

第3部
教育相談の実際

第11章 不登校と教育相談

1 不登校についての理解

1．不登校に対する考え方の変遷

　アメリカにおいて，不登校は怠学（truancy）とされていたが，そのなかに神経症的な一群があると指摘されていたことを受けて，1941年にジョンソン（Johnson, A. M.）が「学校恐怖症」(school phobia)の用語を用いた。わが国でも，昭和30（1955）年頃からこの用語が使われている。しかし，昭和35年頃から神経症の一種の恐怖症とすることへのためらいや抵抗が表面化し，昭和40年頃からは「登校拒否」(school refusal) という言葉が使われた。しかし，学校へ行きたくても行けない生徒は登校を拒否しているわけではないし，登校拒否ということだけでは学校恐怖，精神疾患までにわたる状態をカバーできない。そこで昭和60年代から小児科医などが「不登校」(non-attendance at school) の用語を使用するようになり，徐々にそれが定着していった(稲村，1994)。

2．不登校の定義

　文部科学省（文部省）も，1998年までは「登校拒否」という用語を使っていた。「登校拒否」とは，「何らかの心理的，身体的，あるいは社会的要因・背景により，登校しないあるいはしたくともできない状況にある者（ただし，病気や経済的な理由によるものを除く）」（「学校不適応対策調査研究協力者会議」の報告書；文部省，1989年）。それ以後は「不登校」という用語を使っている。文部科学省の「学校基本調査」及び「児童生徒の問題行動等生徒指導上の諸問

題に関する調査」においては,「不登校生徒」を「何らかの心理的,情緒的,身体的あるいは社会的要因・背景により,登校しないあるいはしたくともできない状況にあるため年間30日以上欠席した者のうち,病気や経済的な理由による者を除いたもの」としている。

なお文部科学省は,不登校(登校拒否)はどの児童生徒にも起こり得るものであるとしている(1992年の「学校不適応対策調査研究協力者会議」報告ほか)。これは不登校は個人的要因だけでなく環境的要因によっても生じるという視点を示したものである。

3．不登校生徒数の推移

平成9年度に10万人を超えた不登校生徒数は,年々増加傾向にあったが,平成13年度をピークにいったん減少傾向に転じた。しかし,平成18年度には再び増加し,以降も全児童生徒数に占めるその割合は横ばい状態が続いている。近年の急激な少子化にともなう全国の生徒数の減少を考えると,不登校生徒の占める割合は深刻な状態である。とくに中学校では,36人に1人つまり1学級に1人は不登校状態の生徒がいるという現実がある(表11-1)。

また,不登校生徒数を小学1年生から中学3年生まで学年別に表すと,学年が上がるにつれてその数は増加している(表11-2)。不登校生徒が再登校できないままのところに,さらに新たな不登校生徒が加わっているのではないかと憂慮される。とくに,小学6年生から中学1年生への移行期には約3倍の増加となっている(中1ギャップ)。

表11-1　不登校生徒数の推移（文部科学省,2015）

	平成13年度	14年度	15年度	16年度	17年度	18年度	19年度	20年度	21年度	22年度	23年度	24年度	25年度	26年度
小学校	26,511	25,869	24,077	23,318	22,709	23,825	23,927	22,652	22,327	22,463	22,622	21,243	24,175	25,866
中学校	112,211	105,383	102,149	100,040	99,578	103,069	105,328	104,153	100,105	97,428	94,836	91,446	95,442	97,036
計	138,722	131,252	126,226	123,358	122,287	126,894	129,255	126,805	122,432	119,891	117,458	112,689	119,617	122,902

表11-2　学年別不登校生徒数（文部科学省,2015）

小学1年	小学2年	小学3年	小学4年	小学5年	小学6年	中学1年	中学2年	中学3年	合計
1,225	2,047	3,003	4,427	6,649	8,515	23,960	34,834	38,242	122,902

4．不登校のきっかけと再登校に対してとくに効果のあった学校の措置

不登校状態となったきっかけは，小学校と中学校では数値が異なるものの，「いじめを除く友人関係をめぐる問題」（15.4%），「学業不振」（9.2%），「家庭の生活環境の急激な変化」（4.6%），「親子関係をめぐる問題」（8.8%），「病気」（7.8%），「無気力」（26.7%），「不安など情緒的混乱」（28.1%），が多い（数値は中学校；文部科学省，2015）。

指導の結果登校するまたはできるようになった児童生徒に対して特に効果のあった学校の措置としては，学校内での指導の改善工夫としては「スクールカウンセラー等が専門的に指導に当たった」（58.8%），家庭への働きかけとしては「登校を促すため，電話をかけたり迎えに行くなどした」（66.1%）が上位に挙げられる（数値は中学校；文部科学省，2015）。

5．不登校のタイプ

やや古いが，よく引用されるものとして文部省が1998年に示した不登校のタイプをあげておく（表11-3）。

この分類は学校現場の教師に判定できるということに主眼がおかれており，「子どもの心の内面に立ち入るのではなく，客観的な特徴や状況判断をもとにしている」もので，医師や臨床心理士の専門領域を侵さないことにも配慮され

表11-3　不登校のタイプ（文部省，1998）

学校生活上の影響	いやがらせをする生徒の存在や，教師との人間関係等，明らかにそれと理解できる学校生活上の影響から登校しない（できない）。
あそび・非行	遊ぶためや非行グループに入ったりして登校しない。
無気力	無気力でなんとなく登校しない。登校しないことへの罪悪感が少なく，迎えにいったり強く催促すると登校するが長続きしない。
不安など情緒的混乱	登校の意志はあるが身体の不調を訴え登校できない，漠然とした不安を訴え登校しない等，不安を中心とした情緒的な混乱によって登校しない（できない）。
意図的な拒否	学校に行く意義を認めず，自分の好きな方向を選んで登校しない。
複合	不登校状態が継続している理由が複合していていずれが主であるかを決めがたい。
その他	上記のいずれにも該当しない。

ている（稲村，1994）点に注意したい。しかし教師も「子どもの心の内面に立ち入る」ことなく不登校を語れなくなっている。

2 不登校生徒への対応

1．不登校へのかかわりの姿勢

　1992年9月の「登校拒否問題への対応について」（文部省初等中等教育局長通達）は学校における取り組みの充実について，①学校は，児童生徒にとって自己の存在感を実感でき精神的に安心していることのできる場所―「心の居場所」―としての役割を果たすことが求められること，②また，学校は，登校拒否の予防的対応を図るために，児童生徒一人ひとりの個性を尊重し，児童生徒の立場に立って人間味のある温かい指導が行えるよう指導のあり方や指導体制について絶えず検討を加える必要があることを述べている。

　不登校の背景は複合的である。精神的な病気が原因の不登校もあれば，とくに原因らしいものが特定できないような不登校もある。むしろ不登校という言葉でくくらずに，その生徒の個別事情を汲み取っていくことが基本である。その意味で，一般論や類型論で対応しないことも大切である。回復期だから次は学校へ行かせようと考えたり，神経症型だから治療的アプローチをしなければならないと考えるならば，対応を誤る。

　むしろ生徒が不登校という行動をとおして何を訴えているのか気づいていく過程を大切にしたい。いま現在，生徒がどういう状態にあり，何が障害となっているか，何を求めているかといった視点からかかわっていく。そのためには，その子の話をじっくり聞くことである。そして悩みを共有することが大切である。そういうかかわりが生徒の内なる力を高めることになる。

　支援の方向は，その子の発達・成長支援である。登校はその一過程に過ぎない。いま学校へ行けなくても次の段階で登校できることはいくらでもある。焦らないでかかわることである。そのためには，こちら側が不登校を広く深く見る目を養っておくことである。①とくに，不安障害やうつ病などの心理的問題

がないかどうか，発達障害の二次障害ではないか，には注意しておく。それらで悩む生徒には，たんに聞いていくだけでは前進しないので，専門家の支援を仰ぐ。②次に，青年期心性について理解しておく。③また，不登校の諸問題についてよく理解しておくことが大事である。

2．登校刺激

　登校刺激とは，登校をうながすはたらきかけのすべてをいう。登校を強制することやはたらきかける言葉だけでなく，「なぜ学校へ行けないか」と問うことも登校刺激である。また，学校を連想する言葉，学校に関係がある人や物すべてが生徒にとっては登校刺激となることがある。

　登校刺激の問題は刺激反応の学習理論で説明できる。「学校へ行けない状態下での登校刺激→学校へ行けない自分→周囲の否定的反応」という経路を経て，「だめな自分・刺激に腹を立てる自分」ということが強化される。これに対して，学校へ行ける状態下での登校刺激ならば，「学校へ行けた自分→周囲の肯定的反応」から，「自分に対する肯定的評価」が強化される。結局，学校に行けそうもないときの登校刺激が問題であることがわかる。

　一時，「登校刺激を与えてはいけない」という言説が一般化したことがあった。これはとても登校できそうにない重度の不登校児を扱う人々から発信されたものといわれているが，それを一般化することは問題である。医療機関に行くほどではないケースや比較的初期の不登校の生徒のなかには，適切な登校刺激で登校できる生徒もいる。登校刺激の仕方について小澤（2003）は，①小出しにする，②まずいときはすぐに提案を引っ込める，③効果については翌日確かめることがポイントであるとしている。個々の生徒の実情に応じて，見極めをつける目を養いたい。

　登校刺激の本質は，子どもの社会化という教育的視点からみても，「家庭から社会に出て行く」ところにあり，学校に登校させるためだけでなく，その先の社会復帰にまでつなぐ意味があると思う。目の前の生徒がそのチャンスを得ることなく引きこもってしまうことは防ぎたい。

　登校刺激の原則は，「できることをさせ，できないことをさせない」という単純なものである。生徒と交流ができていれば登校できる時期は体感的にわか

ってくる。生徒のほうも賛否の意見を返してくれる。そこにいたるコツは，登校刺激をするかしないかにポイントをおかないことである。不登校への対応の本質は，その生徒が自分を肯定的に感じられるかどうかである。そう感じることができれば，その生徒はたとえ家庭にあっても，いずれ社会参加できるという希望がもてる。

3．家庭訪問

　不登校での家庭訪問は，登校支援であると同時に，学校が不登校の生徒とその家族を見捨てていないということを伝える重要な教育支援である。

　訪問の仕方については教師によってさまざまであるが，午前は避けて午後にする（午前は気力がない生徒が多いためである），日曜日は避けて土曜日の午後か平日の午後にする，といったことは比較的受け入れられている（花輪，2009）。また，定期的に訪問するか不定期に訪問するかなどは，生徒や保護者の状況をみながら臨機応変に進めることになる。以下に参考例を記しておく。

　家庭訪問するときには連絡する。それ以降についても「時々訪問する」などの了解をとっておく。その後も保護者と連携をとりつつ家庭訪問を進める。生徒と会えないことも多いが，声をかけるとか，「よろしくと伝えてください」と保護者に頼んで帰る。生徒は，教師と会えない状態のときも，必ず心のどこかでは，教師に助けてもらいたいという気持ちをもっている。ある程度不登校が長引いて家庭訪問の回数が極端に少なくなると，家族は学校に見捨てられたという感覚をもってしまうことがある。定期的に家庭訪問を継続する。

　次に，生徒と会えたときに何を話題にするかも重要である。本人のそばに寄り添う感じで接していくのがよいと思う。学校の話題から離れて，生徒がリラックスできる話題を提供したり，一緒にゲームをすることもふつうに行われている。

　家庭に問題がある場合には，本人を支えるだけでは変化につながらないことがあるが，学校側が焦らないようにする。本人や家族と何らかのつながりを継続することで，保護者が学校に協力を求めることが可能になってくる。学校側から一方的に家族に強いはたらきかけをすると家族の不信感を招き，その不信感がさらに本人の不登校に影響してしまうことがある。

3 不登校の経過によるかかわりと支援

　不登校はよく似た経過をたどって登校にいたることが知られている。不登校の経過による分類には，養育態度に着目した場合の分類や神経症的不登校に関するものなどがある。ここでは小澤（2003）によるものをあげておく（表11-4）。どの分類にもいえることであるが，分類をふまえつつも分類にとらわれない姿勢が大事である。

　以下では，不登校の時期ごとに実務的観点から若干の提言をしておく。

1．前兆期

　不登校の前兆期といわれる時期は，生徒の不適応が進行してきて不登校にいたる直前の段階である。そういう意味では，それまでの適応的な状態の終わりの時期であり，周囲がそれまでに何らかの防止的支援を行っていれば避けられたかもしれない時期である。そのための手立ては，生徒の異変に気づく感覚（いつもと違う，何かが変だ）を磨いておくことである。前兆期は次の段階にいたることを防止するためにも重要である。小澤（2003）は，この段階の指導

表11-4　不登校の経過（小澤，2003を改変）

各期	状態像	かかわり
前兆期	日常生活が苦しくなり始めている。元気がない，孤立感。今までと違う状態。まだ欠席等の形に表れてはいない。	生徒の変な感じを察知して対応。援助の目的は「孤立感の緩和」。
初期	情緒的不安定。頭痛腹痛等の身体症状。遅刻欠席が始まる。成績の低下。食事や睡眠の乱れ。	援助の目的は「安定させること」。本人を責めず休息と安静を心がける。適切な初期対応を欠くと長期化する場合がある。
中期	日常生活が回復し，学校のことを言わなければ穏やかに暮らせる。	援助の目的は「エネルギーをためさせる」こと。膠着状態になりがち。個々のケースを見立てること，経験に裏打ちされた種々の援助方法をもつことが大切。
後期	活動性が高まる。進路や就職などの課題に向かう。	援助の目的は「活動への援助」。現実的な考えや行動に対して具体的な援助をする。
社会復帰	卒業，進学等の節目をきっかけに復帰していく。	受け入れ態勢が大切。軌道に乗るまで支える。

が最も重要であり，また，学校でしかできないものであると指摘しているが，同感である。

2．休み始めた時期

　学校を休み始めた頃，生徒たちは頭痛や腹痛などを訴えることが多い。家庭では「そのくらいなら大丈夫」と登校させることが多い。学校においても，保健室でようすをみたりしつつも，できる限り授業に参加するよう言葉をかけることが一般的である。はじめはこういったはたらきかけで生徒は無理をしても何とか登校する。

　しかし，この時期の対応として生徒の不登校という訴えの背景にある本当の気持ちに気づくことが大切である。たとえ生徒が登校し始めたとしても安心しないで，不登校にいたった生徒の気持ちを知ろうと努める。不登校の生徒に対して，関係者が必要なかかわりをもつことで，「小さな変化」が起きていることがある。その変化を見逃さないように支援に役立てていきたい。

3．長期化した時期

　この時期は，昼夜逆転したり，閉じこもったりすることがある。保護者が「生徒がここまで，学校を拒否するには，何か意味があるはずだ。登校を無理強いせずに子どもに寄り添っていこう」という態度を決めると，生徒が動き始めることが多い。登校を期待し続けるだけではなかなかこの時期を乗り越えることができない。それは，登校するかどうかよりも，親子の情愛がつながるといったことのほうが，子どもにとって大切なことであるからだ。

　長期的に欠席することで生活リズムが崩れてしまう。三食をきちんと食べること，就寝時刻や起床時刻を守ること，衣服を衛生的にすることなどは，状態をみてできるだけ実行できるように家族で協力したい。ここで大切なのは，子どもを否定的にみないことである。また，人を避けている時期でもあり，生徒が納得して外出できる場所を見つけたり，生徒が落ち着いてできる活動を見つけたりすることも大切である。

4．再登校の準備の時期

　生徒が学校のことを気にし始めたら軽い登校刺激をして，生徒が登校できそうか，まだ無理なのか見極める。無理と判断した場合は，少し期間をおいてから，生徒の内面を理解しながら再登校へ向かうように登校刺激をしていくことが生徒に負担をかけない。
　生徒が登校したいと意思表示した場合は，いきなりの登校ではなく，どの程度であればできるかを話し合い，生徒が納得して登校することが重要である。再登校時の生徒の大きな心配は，友達関係と学力である。この点は，細心の配慮をして，登校の準備をしなければならない。

5．再登校したとき

　とにかく登校すること自体に非常にエネルギーを使うことを理解しておきたい。そうすることで，「しんどくない？」という本人を思いやった言葉が自然に出る。登校して来た生徒に対して自然体で接することが大切である。生徒には，いつ登校するのか，過ごす場所はどこにするのか，どのくらい学校にいるのか，どの教師が対応するのかなど，本人が具体的に学校での自分が想像できるように説明をして，納得してもらうことも必要である。さらに予測できないことが起きる可能性があることも伝えたい。その後，続けて登校できる場合もあるし少し休む場合もある。どちらの場合もそういう選択を自己決定できたことを十分認めたい。以上のことは，生徒の歩みのペース（歩みの速度，進むことと休むことなど）と合わせて進めることが大切である。

4　他の支援と連携した学校環境づくり

1．学校の環境整備

　不登校の原因の1つは「学校ストレス」である。その主要なものは，仲間との関係，教師との関係，学業である。これらはタイプを問わず不登校のきっ

かけになっており，「攻撃行動」「不安・身体反応」「無気力」といったストレス反応を引き起こすといわれている（小林，1999）。学校の環境整備は不登校予防には欠かせないものであるが，いったん不登校になると，それだけでは問題は解決せず，家庭環境や本人の心理的な問題への援助と相まって再登校への大きな力になるととらえるのがよいと思う。

たとえば，ある研究（千葉県子どもと親のサポートセンター，2002）によれば，攻撃的行動，集中困難，非行，怠学といった問題が外的な行動として現れているタイプ（外的問題優位タイプ）では，不登校からの回復にいろいろな要素が複雑に関連している。学校の対応の改善を軸に，親の態度改善，本人への援助など，多角的なはたらきかけが望まれる。内向的，神経症的症状があるといった内的問題がめだち，外的問題がめだたないタイプ（内的問題優位タイプ）では，本人の自己成長と親の対応改善を軸にかかわっていく。外的問題も内的問題もともにさほどめだたないタイプ（両低タイプ）は，仲間との関係がきっかけとなって不登校にいたる割合が高いのが特徴である。クラスの仲間関係に配慮し受容的な雰囲気づくりが効果的である。また外的問題も内的問題もともにめだつもの（両高タイプ）は外的問題優位タイプに準じて問題点を探るのがよいとしている。

関係者が協同して生徒や保護者に粘り強くはたらきかけることも検討されてよい。その方法も，学校および学校外の機関での面接，合宿，学習支援など多様なものがある。さらに，生徒にソーシャルスキル，リラックス法などを学ばせることも有効である。また生徒を支えることのできる人的な環境整備にも目を向けることが大切である。

2．保健室（相談室，余裕教室等）登校

登校しても教室で過ごすことに不安が感じられるときには，保健室や相談室などで学校生活のリズムを整えたい。生徒がどこを選ぶかの基準は，自分が安全でいられるかということである。自分を安全に守るということに関しては，生徒はわれわれが考えている以上に敏感である。

生徒の居場所ができれば，次はそこでどう過ごすかということを考えたい。勉強の遅れの回復は学校で過ごすことができる自信がついてからでも遅くない。

また学校で過ごす第1段階として，勉強以外に何かができる用具があるということは，ある意味大切なことである。不登校状態の生徒は，よくゲームをしたり漫画を読んだりする。これは守られた空間で過ごす時間を徐々に増やしながら，エネルギーを蓄えてから次の段階へと進むことができると考えたい。

生徒が「だれにも会いたくない」と言っても，1人でぽつんと過ごさせるのではなく，生徒が会ってもいいと感じている教師が時々声をかけていくようにする。家でずっと過ごしていた時期は自分のペースで動いていたので，あまり枠（時間と場所）にはめないように配慮したい。だれかと一緒にいる時間と1人で過ごす時間のバランスが大切である。

また，相談室などで他の生徒がいるなかで過ごしている場合には，性格の合う子と合わない子がいることも考える必要がある。生徒の願いをすべてかなえるわけにはいかないが，生徒としっかり話し合って，生徒が納得した状況で過ごすことができるようにしたい。

5　小1プロブレムと中1ギャップ

1．小1プロブレム

小学校の入学式では名前を呼ばれても返事をしない，記念の集合写真を撮ろうとしても，ふざけ合ったりあっちこっちを向いたりとさんざんな状況になる。その後の学校生活では，授業中席を立ってうろうろしたり，何かのきっかけで気に入らないことがあると外に飛び出して行ったり，休み時間終了のチャイムがなっても教室に戻ってこなかったりする。このように小学校に入学したての児童が学校生活に適応できないとか，授業が成立しない状態を「小1プロブレム」とよんでいる。

原因としては，家庭の教育力の低下，幼稚園や保育所での自由度の高い教育から決まりごとの多い小学校の教育への移行といった環境の変化などが指摘されている。

学校のとれる対策では，保育所・幼稚園教育と小学校教育との連携が大切で

ある。「幼稚園教育要領」（文部科学省）と「保育所保育指針」（厚生労働省）には，2009年より小学校との連携を推進する旨の内容が盛り込まれた。

2．中1ギャップ

「中1ギャップ」とは，小学6年生から中学1年生の間の移行期に不登校生徒数が急激に増加する現象のことである（いじめ件数の急激な増加をいうこともある）。

中1ギャップの克服については，学校種（小学校・中学校）のギャップをどう克服するか，カリキュラムの再検討，学校ぐるみでの取り組みといったことや，むしろ具体的な学校ごとにそれぞれの担任たちができることを考えていくほうが現実的であるといった主張がある（児島・佐野，2006；石川ら，2009参照）。

ここでは，石川ら（2009）から，中1ギャップのいくつかの問題を指摘しておく。

中1ギャップの原因としては，①学級担任制から教科担任制への変化，授業のスピードの速さ，家庭学習習慣の不足，新しい教科への対応の問題，②統合してきた他の学校の生徒とうまく話せないなどの人間関係の問題，③学校行事が負担，④部活の問題，⑤広い通学区，新しい学級，小学校よりも長い日課など生活の変化，⑥基本的な生活習慣やルールが身につかないまま中学に入学してくる子どもの増加，といったことが指摘されている。

小学校・中学校での対策のポイントには，①小学校6年生段階で中学校入学を意識した指導や支援，はたらきかけをどう仕組むか，②中学校1年生段階で，入学してきた生徒にどのような配慮・支援を仕組むか，③小6と中1の担任との間で連携を図れることはないか，④小・中の教師がそれぞれ，双方の学習方法・内容や行事方法・内容についての知識をもっているか，⑤特別な支援が必要な子どもの問題も含めて，どう引き継ぐか，⑥特別な支援の必要な生徒への対応や関係機関との連携の方法を周囲の教師と共有しているか，といったことがある。

具体的な連携としては，①新入生体験入学の内容を小中双方で検討する。たとえば，生徒どうしの交流や教職員どうしの交流，②特別な支援の必要な生徒

に何度か個別に中学校を訪問してもらう，③引き継ぎのポイントを整理して共有する（「小中支援シート」の活用も考えられる），④双方の行事をよく知り，小学校で体験したことのない行事は，同種の行事を比較しながら違いを紹介していく，⑤5月以降に小6と中1の担任がもう一度話し合いをもつ，⑥双方の授業や行事を見に行くことで，授業の進め方や教室経営の違いを埋める，⑦学級掲示を見せあったり，学級通信を交換することで双方のようすがわかると，教師が見通しをもって取り組んでいける，⑧小学生に50分授業を体験してもらう，といったことがあげられる。

　中1ギャップでは，個々の生徒をどう越えさせるのかという問題と，小・中という校種も含めて具体的な学校間の溝をどう埋めるかが問われているが，教育委員会レベルの対策とそれぞれの学校間での具体的な対策とを連携させながら取り組んでいきたい。いずれにせよ，小・中の教員間でお互いの環境や指導の差があることを理解したうえで，細かい連携が必要である。

6 おわりに

　筆者らは，それぞれの立場から数多くの不登校の事例に取り組んできた。現に不登校状態にある生徒への支援が必要であることはもちろんであるが，それ以前にもっと対策がとれたのではないかという事例が少なくないのも事実である。その点からも，不登校のサインが出る以前のわずかな変化をとらえて，予防・開発的な教育相談をしていくことの必要性を強く感じている。そういった反省的かかわりによって不登校の数はもっと減らせるのではないかと思う。

Colunm⑥ 発達の連続線上にある一連の問題

　発達段階での危機を考えるあたり，すでに述べた「小1プロブレム」と「中1ギャップ」のほかに，「小4問題」「17歳問題」というものがあるように思う。

　子どもは，小学校4年生くらいから，それまでの親とのタテの関係から，友人とのヨコの関係に移っていく。この移行に失敗すると，それ以後の友人との関係に支障が出てくる。これが「小4問題」であると筆者は考えている。不登校や非行少年のなかには，この時期の失敗が尾を引いていることがある。中1ギャップの「根っこ」の1つはここにあると思う。直接的な原因があるというのではなく，子どもの困った状態が表れているという意味での根っこである。

　また，ブロス（Blos, 1962）は，思春期・青春期・青年期を区別し，「思春期」は生物学上の変化（身長・体重の増加，内分泌系の変化など），「青春期」は思春期への心理的適応の過程であるとした。17歳は，「青春期」（10～17歳）の終わりであり，「青年期」（18歳～）へと入っていく時期である。また，中期青春期（15～17歳）とは，親離れにふさわしい精神内界の変化の促進期で，後期青春期ないし青年期（18歳～）に向かうために，それ以前の発達課題を通過してできあがったパーソナリティの各部分をさらに強化・結合・合成し，変容を行う時期である。この合成の失敗は，適応不全，自我の変形，精神病理をもたらすが，これが「17歳問題」であると筆者は考えている。17歳前後に，重大な犯罪に至る場合があるのも，1つにはこれが関係する。そして，後期青春期のアイデンティティの確立などが青春期最後の関門・危機となる。

　青春期を乗り越える（そして大人になる）ためには，「かくあるべき自分」と「ありのままの自分」との葛藤を乗り越えなければならない。そのためには，青年期における，適度な対人関係の保持が不可欠である。つまり社会性の文脈のなかで自分を再構成していく必要がある。それが欠落したまま，本人や家族の努力だけで乗り越えることはかなりむずかしい。

　こうしてみると，少なくとも，小1プロブレム，小4問題，中1ギャップ，17歳問題は，発達の連続線上にある一連の問題としてとらえることができる。また，さまざまな教育上の問題には，根のようなものがあることもわかる。まだ明らかには表れていない兆候を見出し対処する力と，そういう予防的教育相談としての取り組みが求められる。

第12章 非行と教育相談

　非行少年の研究は，関係諸科学それぞれの研究分野で行われてきた。具体的には，生物学的諸要因（遺伝生物学や身体的資質など），精神的諸要因（知能，性格，精神障害，情動障害など），社会・文化的要因（家庭，社会環境など）であり，非行要因は複雑で有機的・力動的に関連しあっている（石川，1985）。近年は，脳科学の発達が著しく，犯罪と脳の関係の研究が進んでおり，これらの成果をふまえつつ非行問題を検討していく必要性が高まっている。

　しかし，教育相談という見地からは，専門家でも動機等の解明が困難であり，処遇に医学的措置の必要な「特異」な事件を探求するよりは，日常よく接することのある非行に対応できる地力を鍛えておくことのほうがはるかに大切である。したがって，本章では非行少年の心的・社会的側面を中心に，非行理解や対応について述べることにする。

1　非行とは

　非行とは，「その行動が社会に受け入れられないものであるか，反社会的なものである」（石川，1985）といえよう。非行は，未成年の犯罪行為をさしていわれることが多い。

　犯罪とは，実質的意味においては「広く社会共同生活の秩序を侵害する人の行為」であるが，法的には，「刑罰法規の禁止規定に違反して，法律上可罰的とされる侵害行為」に限られる（大塚，1975）。刑法では14歳以上の未成年者も罰するとしている（第41条）が，未成年者の犯罪は少年法が優先的に適用される。その理由は，未成年者は可塑性に富み教育的可能性が高いこと，未成

年者は被影響性が強く刑罰による悪影響を受けやすいこと，未成年者の犯罪は環境的圧力による影響が強く，刑罰の一般予防的効果はあまり期待できないことなどがあげられる（井上，1980）。成人の犯罪と未成年者の非行とは区別して処遇する考えの基盤には「刑罰にかえて保護」という保護主義の原則がある。

2　少年非行の動向

　1997（平成9）年，神戸市で小学6年生の頭部が切断され，中学校の正門前に置かれていた事件があった。この事件は，犯人（14歳）が新聞社に「酒鬼薔薇聖斗」などと書かれた挑戦状を送りつけたこともあり，前代未聞の猟奇的事件と騒がれた。また，2000年には，少年（17歳）が高速バスを乗っ取り，乗客の女性が刺殺されるなどのいわゆる西鉄バスジャック殺傷事件が起きている。さらに，2004年には，長崎県佐世保市の小学校で6年生の女子が同級生をカッターナイフで刺殺するという事件が起きた。これらの事件は，殺人という事案の重大性や動機の不可解性によって，マスコミでも大きく取り上げられた。これら一連の流れのなかで，少年事件は「多発」しており，しかも，「凶悪化」しているというムードが形成されていったと思われる。

　では，少年事件は本当に「多発」し，「凶悪化」しているのであろうか。

　『平成20年版 犯罪白書』によると，少年刑法犯検挙人員の推移には，1951年の16万6,433人をピークとする第1の波，1964年の23万8,830人をピークとする第2の波，1983年の31万7,438人をピークとする第3の波がみられる。その後は若干の増減を経ながら，全体としては減少傾向にある。2007年は，14万9,907人であった。

　成人を含めた全犯罪における刑法犯検挙人員における少年比も，1946年以降，20〜30％台を推移していたが，1984年以降は，20％台に減少し，1999年以降は10％台に減少してきている。2007年は，12.5％であった。最近の特徴として，少年事件は検挙数，少年比ともに減少してきているといえる。

　次に，殺人・強盗（警察白書では，さらに放火・強姦を加える）などの凶悪犯罪をみてみよう。犯罪白書によれば，殺人は，昭和40年前後までは300〜

400人台で増減をくり返していたが，40年代に入って急減し，50年代以降はおおむね50～110人台で推移しており，平成19年は65人となっている。また，強盗は，平成元年以降増加傾向を示し，平成15年には1,800人に達したが，16年から4年連続して減少し，平成19年は785人であった。近年，少年事件の凶悪化などと報道されることが少なくないが，凶悪犯罪は数値でみる限り減少している。

ただし，凶悪化といわれる場合，「結果の重大性，自己中心性，冷酷非情性」のほか，犯行の原因や動機の不透明さといった質的な面から考察する見解もあり，最終的には個人の価値観に左右されるところがあることを指摘しておく（間庭，2005参照）。

3　非行原因論

ここで犯罪発生の原因のいくつかについて犯罪社会学的側面からみておこう。

(1) 文化的逸脱理論（cultural deviance theories）

人は非行行為を是認するような文化との交渉を通じて非行への態度を作り上げ，その結果として非行が生じる，とみる。バイオリンになじんだ子が音楽を好きになるように，非行になじんだ子は非行を犯すと考える。非行は学習されるのである。そこには，挫折や不適応の結果非行にいたるという考え方が排除されている。

(2) 緊張論（strain theories）

少年が社会に同調していたのでは欲求が満たされない場合，逸脱に向かうのだとする。不満をもち，周囲と緊張関係にあるとき，緊張や不満を減少させたり解決しようとして，非行を犯すと考える。

(3) マッツア（Matza, D）のドリフト（漂流）理論

少年たちは，一方で犯罪をしてはならないことを学習しながら他方では犯罪を許す学習もしており，ある場合には順法的だが，ある場合には法に違反しようとする。そして，通常は，現実生活に縛られているが，一時的に束縛から脱して（漂流）して，非行を犯すとみる。これが定着してしまうと，漂流者の非

行ではなく，非行者の非行になる。

(4) ラベリング理論（labeling theory）

犯罪行動を，社会の人々からの認知・評価によって説明する。だれかが「この人は犯罪者である」というラベルを貼ると，それをはがそうとするのはむずかしく，やがて犯罪者になるというものである。

(5) ハーシの「社会的コントロール理論（social control theory）

「経験的研究によって裏づけられている理論」（Lawrence, 1998）といわれており，非行防止のための明確かつ実現可能な方法を提示してくれると思われる。ハーシ（Hirschi, T.）は，非行の原因を社会と個人とを結びつけている社会的な絆（social bond）の強弱によって説明している。そして，個人と社会とのつながりの糸の束，すなわち絆が細かったり切れていれば，青少年は非行に走る可能性が高く，反対に太ければ，それだけ非行に走る可能性が低い（Hirschi, 1969）とする。ハーシの理論は，社会的絆の理論ないしボンド理論ともよばれる。

個人は所属している社会や集団の規範的な枠組みを受け入れる。ハーシは，この要素が各人のなかにいくらかは存在しているとみている。要は，少年と家庭，学校，社会との間に絆が形成されていれば，彼らは非行には向かわないということができる。ここでは学校について検討しておく。ハーシ（Hirschi, 1969）によれば，学校での問題と非行との間には，「学校成績の低さ，学校嫌い，学校の権威の否定を経て，非行行動にいたる」という因果連鎖がある。学業面の能力が低く，成績の悪い子どもは非行を犯す傾向が高い。ただし，「能力および成績を非行に関連づけているのは，学校への絆である」という点に注意したい。つまり，客観的に測った能力がどうであれ，「学校でうまくやれそうだと認識している少年は，学校を楽しく感じ，学校が自分の将来にとって意味があると感じている」ので，非行を犯さない。少年たちは，自分を有能であると考えれば考えるほど非行行動をとらないのであるから，子どもたちの有能感を育てる教育が大切になる。さらに，学校を嫌っている少年たちは非行を犯す傾向が高い（Hirschi, 1969）のであるから，児童生徒が学校を好きになる工夫や活動が求められる。

加えて学校への絆と規則との関係について述べておく。非行少年が，自分た

ちを統制する制度や人物を好ましいと思わないときには，それらの道徳的影響力は役に立たない。つまり，この影響力は，愛着と非行のつなぎ目である（Hirschi, 1969）。学校が嫌われ，教師が嫌われているような状況下で，校則などの規則をいくら強化しても非行防止の効果が薄い。まずは教師と子どもたちとが心を通い合わせられる関係，つまり絆を形成していくことが必要である。教育相談の見地からは，このような予防的教育相談が有用であると考えられる。

4 家庭と非行

　家庭は子どもにとって愛情の源泉であり，社会化の基盤である。家庭の問題が，学校における問題や非行行動と深い関係があることについては多くの論者の認めるところである。ただし，ひとり親家庭，貧困家庭，大家族，母親の就労などの要因は，家庭環境にストレスをかけるという意味で非行への傾斜や誘惑を増進させる可能性はあるが，それらが非行の原因であると短絡するのは，単純に過ぎる。むしろ大切なのは，「家庭生活の質」ないし「親に対する愛着の度合い」（Lawrence, 1998）である。親子の情愛が通い合っているような家庭に育った子どもは，たとえ環境的負因があっても，乗り越えていけることが少なくない。逆に，「両親のけんかや緊張状態が顕著な家庭で育った子ども，家に寄りつかないまたは放置する親や言葉の暴力を頻繁に振るう親のもとで育った子どもは，反社会的行動や非行行動を助長する要因に影響されやすくなる」（Lawrence, 1998）し，親の体罰も非行と強く関係する。子どもに対する親の感情は，非行と強く関係する。ハーシの理論では，親に対する肯定的な「愛着」をもっている青少年の間では非行の確率が低い。逆に，問題のある家庭では，暖かさ，愛情，情愛などが欠けている。

5 中退と非行

　中退の要因は，学校での成績がよくないことや，欠席や怠学などの行動上の

問題，経済的問題のほか，学校に疎外感を感じているとか，学校側の不適切な対応などがある。中退と非行は結びつけて考えられやすいが，中退＝非行と即物的に考えないことである。むしろ，非行との関係では，中退以前にどのような生活をしていたか，そして，中退後の就労の有無などと関係することが多いので，中退までの在学中の指導や中退後の進路相談などが，非行防止にとって大切なことになろう。

ハーシによれば，非行は学校に対する青少年の絆が弱いときに生じる。従来，中退については，生徒の行動や学業成績のほうに焦点をあてて論じられてきた。しかし，学校の規律上の方針，授業の質，評点の方針，宿題の量，生徒支援の度合いといった，学校関連の要因も無視できない（Lawrence, 1998）のである。生徒の中退という事態に際して，学校のあり方を再点検してみるのも予防につながる。また，落ちこぼれ意識の軽減，学校生活への参加，友人との交流など，児童生徒が学校に過度の不満をもたないで，絆の再形成ができるような学校の方針や授業のあり方などについて，見直してみることも必要である。

6　交友関係と非行

子どもが親離れしていく年代になると，仲間とのより緊密なつながりを求めようとする。仲間に受け入れられているという社会的受容（social acceptance）は青少年の最大の欲求の1つであり，青少年の発達過程においても必要なことである。多くの子どもたちにとって，友情は自分の支えとなっており，健全な交友が順応行動を強化し，発達を促進する。仲間集団と密接な絆で結びつけられている青少年は非行を行いにくい（Hirschi, 1969）。また，学校生活に意義を感じている生徒は非行仲間と結びつく可能性は少ない。

しかし，親や家族，学校でうまく関係がもてないとか，つながりが脆弱である場合，非行を行う友人と結びつきやすい。仲間集団が所属欲求，承認欲求などを満たしてくれるからである。その際，不良集団や暴走族などのように，反社会的な価値観をもち，逸脱行動をくり返している集団に所属すると，さらに非行を犯す危険性が高くなる。青年期には，どういう友人とつきあうかが大切

になってくる。

　しかしながら，学校が不良交友関係に関与していくのはむずかしい。たとえば，危険性の高い非行少年を通常の仲間集団に加えてもたいした効果はなく，むしろ有害となる場合もある。また，危険度の高い仲間集団を普通の学生と一緒にすることは，「逸脱的仲間集団の悪影響を発展・助長」することになる。かといって，彼らだけを隔離するのもお互いの結びつきを高めるだけである。消極的選択になるが，問題のある生徒は，「さまざまな教師と学級に分散させることが望ましい」（Lawrence, 1998）と思われる。

　前述のように，愛着的友人関係をもっている者は，非行を犯す確率が少ないのだが，非行少年たちはそのような愛着的友人関係をもってはいない。その証拠に，彼らはしばしば友人を裏切る。したがって，非行少年たちに，愛着的友人関係を形成・促進させていくことが，個別教育相談で大切になる。それぞれの非行少年との個別で地道な教育相談を通じて，教師から受け入れられているという感覚が育つことが大きな前進となる。それに加えて，親との協力関係，地域などとの連携といったいろいろな方法で彼らに家庭や学校や友人から受け入れられているという感覚や所属感を提供していくことが必要であろう。

7　非行の把握法

　非行に限らないことであるが，その人が「どういう人であるか」（Kvarnes & Parloff, 1976）を把握することが重要である。筆者の経験から述べると，非行問題を把握するとき，「本人」と「環境」要因に分けて考えるとよい。本人に関してはさらに，「生物・医学的側面」と「心理的側面」に分ける。生物・医学的側面では，身体疾患や知能のほか，脳の器質障害や発達障害に注意する。心理的側面では，その子どもの物事の考え方・感じ方や行動傾向などについて注意してみていく。どちらも，その子どもの視点からみるように心がけると生きた理解につながりやすい。環境面では，家庭や学校，友人などとの関係を中心にみていく。その際，周囲の人物とのやりとりなどをできるだけ具体的に把握するように心がける。

これらをまとめると，図12 - 1 のようになる。軸①は発達・成育史の軸である。その少年が生まれてから，現在にいたり，将来に向かって伸びている。軸②は環境・社会軸であり，周囲の人々との関係を示す。面接では，発達の節目（乳児期，少年期など。詳細は第6章参照）や生育史上でのエピソード（転居，親の離婚など）ごとに軸②との関係を考えて，その時々の人々（親・教師・友人）との関係のあり方，相互作用を具体的に把握できるように努める。たとえば，親が離婚したとする。その前後に親たちは子どもにどのように対応したか，そして，それを本人はどのように感じていたか，などをその子どもの気持ちが感じ取れるようになぞっていく。そうすると，「ああ，こういう気持ちでいたんだ」といったように，本人がその時にどう感じていたかということも追体験（共感）しやすくなる。その際，理論的把握をするというのではなく，その子の「生きざま」を共感的に把握するのである。そうすると，家族の保護能力や子どもへの関心や意欲の有無なども具体的に生き生きと把握できる。中心部は，その子が生きている「現在」である。そこで問題が発生・持続している。その子がどう感じて生きているか，周囲とどのようにかかわっているか，

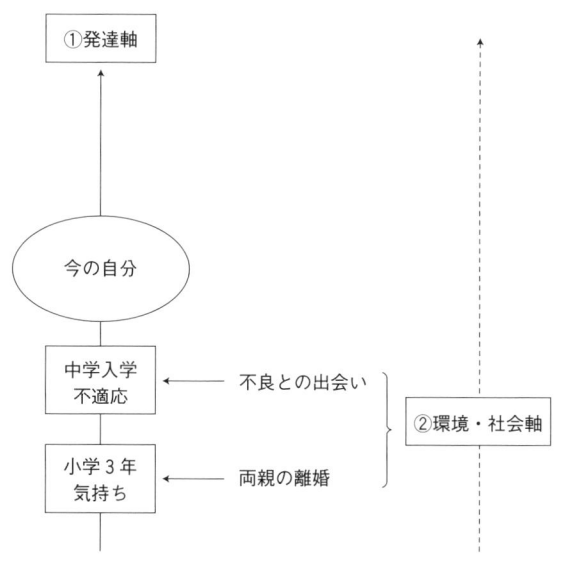

図12-1　非行の把握法

そういった「いま，ここ」でのあり方を受けとめ，共感していく。それこそ，非行面接で最も大切な部分である。面接者のもてるあらゆることを凝縮させてかかわっていくべきである。そして，軸①は将来に向かっている。その子どものこれから歩む道である。目の前の少年はこれからどう生きていくのだろうか，に思いをはせる。どのようにすれば学校において同調行動をとれるようになるか，非行をいかに克服していくかだけでなく，進学や就職を見据えた進路指導などが考えられてよい。こういった図式を念頭において，必要があれば，関連書などで情報を仕入れると，非行へのかかわり方が自分のものとしてまとまってくるであろう。

8 非行専門家の視点

　非行面接に入る前に，非行の専門家は非行についてどのように考えているかみておこう。基本理念としては，①どのような非行少年にも，良心や罪悪感の片鱗が存在していることを信じられるかどうか，②治療者が非行少年の立ち直りと自立する可能性を信じ，人間的な出会いを求めつつ，かかわり続ける覚悟ができているか（石川，1985）を大切にしている。しかし，このことは簡単なことではない。筆者は30年あまり非行臨床にかかわってきたが，良心の片鱗もないのではないかと思わせられたことや，かかわり続けることがいやになったこともあった。簡単にあきらめてはいけないが，人間には限界がある。限界を越えて無理をしないことが大切である。逆説的にいえば，限界を知って関係者にリファーする（回す）こともまた，専門家の大切な条件である。
　次に，非行臨床の目的について石川（1985）は，治療者との関係を中心としつつ，直接少年と接する親，教師などとの間に「親密な関係」をつくり，「これを持続させつつ信頼関係へと発展させることにより，少年の人格の発達を促し，自分の行動を自分で律していけるような主体性を培っていくこと」と述べている。また井上（1980）も「われわれの仕事は，健康で建設的な自我の部分を助けて，その成長を促進させることであり，またそうした自己表現を可能ならしめる機会を提供してやること」であると述べている。建設的な人間関係を

促進し，そのなかで健康的な自我の発達をめざしていくという方向性は，教育的でもあり，教育相談においても大切にしたい。

9　非行の面接法

1．少年との面接

　非行少年は，自分に接してくる援助者がどういう人間であるかを瞬時にかぎ分けるところがある。したがって，援助者の人間としてのあり方が大事になってくる。だからといって背伸びしたり，よく見せようと飾る必要はない。いろいろな弱点も抱えて人生に喜怒哀楽を感じている等身大の自分であることの自覚が大切であると思う。そういう自分でかかわっていく。これは，ありのまま，本音でかかわっていくという姿勢であり，カウンセリングでいえば「純粋性」の尊重ということになる。いろいろな面で傷ついた自分を抱えている非行少年の教育相談では，技術や知識より，「裸のふれあいの方がはるかに効果的」であり，「人の情」が技術に優先する（井上，1980）と思う。

　面接においては，非行少年の言うことをまずはじっくり聴くことが基本になる。多くの少年が不信感に彩られた拒否的姿勢を示すかもしれない。反抗はしないが本音は言わない。少年によっては，被害者を非難したり，言い逃れをしたり，自分勝手な言い分をくり返すかもしれない。また，教師を試す少年もいる。そういう場合に，面接者の側に怒りや嫌気といった否定的な感情がわいてくるかもしれない。その感情にとらわれると，それが対話の流れを決定づけてしまう。そうすると，非行少年は「やはり自分を否定的にみている」といった感じをもち，心を閉ざしてしまう。もし相談していて否定的な感情にとらわれたら，そのことを意識しつつも，別なところにわいてくる肯定的な気持ちを前面に出すようにかかわっていくとよい。カウンセリングでいえば「無条件の積極的関心」に近い態度である。非行少年には，「受け入れられているという実感が全身で感知される」（井上，1980）ことが必要である。もちろんこちらの心の動きは相手には伝わっているが，真剣にかかわっている姿勢も伝わる。そ

の子のよいところを見出していこうという気持ちでかかわりを続ける。話が進んでいくと，そのうちその子の本音や欲求などが少しずつ出てくる。そこに焦点をあてて話を聴いていくと，やがて人間的なふれあいという関係が出てくる。心の底にあるその子自身といった部分とのかかわりが始まる。そこまでいけば，相談者のなかにあった否定的な感覚が消えていくことが多くなり，同時に，少年のなかにその子らしい「よさ」を見出すことができる。それを大切してかかわりを続ける。井上（1980）は，「非行の克服には，対処療法的な措置や心理的メカニズムの理解では不十分」とし，「現実適応，意欲の喚起に加えて，人生観的な充足をまって，あるいは，それをめざす努力のなかで，はじめて非行は乗り越えられる」と述べている。

　なお，後述するように，非行面接では，再犯の問題を常に考慮しながら面接をしていかなければならない。その点への配慮がないままに心の問題に踏み込むと，無意識の衝動を表に出して再犯にいたる（アクティング・アウト）かもしれない。そのあたりの兼ね合いがむずかしい。そういう意味では，非行面接に臨むにはある種の「覚悟」が必要である。

2．親との面接

　佐々木と石附（1988）は，非行から立ち直る過程は親子関係を抜きにしては考えられないとし，非行から立ち直るべく援助する場合には，「親と子の内面的な心の動きに反応していくことが基本である」という。

　親たちはさまざまな感情を抱えて教師のところにやってくる。まず対話の場にきてくれたことに対する感謝とねぎらいの言葉をかける。そして，親の気持ちを十分に受けとめる。そういった対応のなかで信頼関係が育てば，親も自分自身や子どものことに目がいくようになる。そのことは子どもに対してもよい効果を与える。教師の態度が信頼でき，教師の思いが子どもを立ち直らせることにあると受けとめた親は，教師のよき協力者となる。

　親との話し合いの目標は子どもの非行をやめさせることであるが，非行からの立ち直りは簡単ではない。基本は，親が「親」として子どもに向かい合うことであると思う。援助者としては「親性」を活性化させたい。そして，親が子どもに情緒的な親密さを与えること，親子の肯定的な相互作用が形成されるこ

とをめざしたい。その過程で，子育てについて助言を求めてくる親も少なくないが，助言・指導を急いではならない。むしろ親が困っている状況を一緒に考えていく姿勢が望ましい。そのうえで助言する場合には，「子どもに愛情をかけて」といった抽象的なことではなく，できるだけ具体的で実行可能な助言をする。母子家庭で仕事に追われている母親に，子どもといる時間を増やせといっても無理である。そういう場合には，それまでしてこなかったような種類の「声かけをする」といった，親子のかかわりが少し変化するような助言をするとよい。

なお，教師が親の監督責任ばかりを問題にしたり，親を非難し追い詰めていくことは逆効果である。親との面接の焦点がずれる。それに，ほとんどの親はそのことは十分承知している。時期がくれば親のほうから言い出すことも少なくない。親と会っていると，子育てのスキルやしつけ指導，コミュニケーションスキルなどの習得が必要と思われることは少なくない。しかし，親は親なりにがんばって今まで子どもを育ててきたのだという見方をして，すでに親がもっている能力が発揮できるように支援するほうが望ましい結果が得られると思う。

10　非行面接の留意点

最後に，非行少年とのかかわりでの問題点について少し述べておこう。

犯罪には被害者が存在する。非行を犯したから直ちに罰を求めるという姿勢も感心しないが，被害者の存在も無視できない。この問題は，少年の健全育成を図るという保護主義の側面と，社会に与える害悪を防止するという社会防衛の側面との相克というかたちで問題にされてきた。結局は，保護と防衛の兼ね合いのなかで動いていくことになる。したがって，非行少年の処遇といっても，再犯や被害の拡大は避けねばならない。そのためのある程度の行動規制は，社会のためだけでなく本人のためにも必要である。それと並行して，非行少年と心を通わせていく取り組みを続けていくということが，結果的に再犯防止にもつながると思う。

非行少年との教育相談では，カウンセリング的かかわりだけで進めるのではなく，ケースワーク的ないしソーシャルワーク的なかかわりが大事であることを指摘しておく。同僚との情報交換や協力関係を得る，近隣や関係機関との連携を確保しておくといった，環境面での調整が欠かせない。

　われわれが，非行少年に接近していこうとするとき，外側から行動をみるだけではなく，非行少年の固有の世界をみていくことが大切である。教育相談においては，カウンセラーや非行治療者としてではなく，あくまで教師としての人間的かかわりを大切にしたい。非行臨床においては，小手先の技術や理解を越えて，われわれの人間的かかわりの質こそ大切なものである。

Column⑦ 少年事件の取り扱い

　少年（20歳未満の者）が事件を起こした場合，犯罪少年（14歳以上で犯罪を行った少年），触法少年（14歳未満で刑罰法令に触れる行為をした少年），ぐ犯少年（家出をしたり，暴力団の事務所に泊り込んでいるなど一定の事由があり，近い将来犯罪を行いそうな少年）かで送致先が異なる（少年法＝以下法，3条）。

　犯罪少年は家庭裁判所へ送致し，触法少年は児童相談所へ通告する（法3条）。ぐ犯少年は年齢に応じて，児童相談所（14歳未満のぐ犯少年），児童相談所もしくは家庭裁判所（14歳以上18歳未満のぐ犯少年）または家庭裁判所（18歳以上のぐ犯少年）に送致・通告することになっている。そして，18歳未満のぐ犯少年は，家庭裁判所へ送致するより，児童福祉法の措置にゆだねるのが適当と認めたならばまず児童相談所へ通告する（法6条）。なお，送致は機関から機関へのすでに犯罪があると認められた事件の移転行為，通告は職権行使をうながす通知行為である。

　児童相談所では，助言指導や継続指導がなされる。家庭裁判所の審判（大人でいう裁判）に付すのが相当な場合は14歳未満でも児童相談所から家庭裁判所に送致する。なお，家庭裁判所が調査・審判を行うために，少年の身柄を確保する必要がある場合には，観護措置として少年鑑別所に収容することがある。少年鑑別所では，少年に面接や心理検査がなされる。少年鑑別所の収容は終局処分ではなく，最終的には以下の処分がなされることになる。

　家庭裁判所では，①審判不開始（調査のみで審判を開始しないで事件を終結させる措置：法19条），②不処分（審判をするが処分はしないで終結：法23条），③保護観察（継続的に保護観察所で指導を受ける：法24条），④児童自立支援施設などへの送致（法24条），⑤少年院送致（法24条），⑥検察官送致（大人と同じ処分をする：法20条），などの措置がなされる。⑤の少年院には，おおむね12歳以上から送致することができる。また，⑥の検察官に送致された少年は地方裁判所などに起訴され，その結果懲役になることもある。

　警察段階でも，児童相談所や家庭裁判所でも，任意的ではあるが教師が意見を述べる機会がある場合が多く，学校に照会がなされる場合もある。多くの場合，少年は在宅のまま審判を受けるので，その間に相談にのったり指導したりすることができる。少年院送致などになったときには，面会に行き，「帰ってくるのを待っている」といった真摯な声かけが少年の更生意欲を増す。

第13章 学級崩壊と教育相談

1 学級崩壊の定義と実態

1．学級崩壊とは

　学級崩壊について文部科学省は，いわゆる「学級崩壊」を「学級がうまく機能しない状況」としてとらえ，「子どもたちが教室内で勝手な行動をして教師の指導に従わず，授業が成立しないなど，集団教育という学校の機能が成立しない学級の状態が一定期間継続し，学級担任による通常の方法では問題解決ができない状態に立ち至っている場合」としている（平成12年3月「学級経営の充実に関する調査研究」（最終報告））。

　学級崩壊をどのように定義するかについては見解が分かれている。その主な要素は，小学校の問題か小学校から高校・大学までの問題なのかという側面，および，学級崩壊（教室崩壊）か授業崩壊かという問題に分けられる。

　尾木（1999）は，「小学校において授業中，立ち歩きや私語，自己中心的な行動をとる児童によって学級全体の授業が成立しない現象を『学級崩壊』という」と定義している。そして，この定義のポイントは，①「小学校」に限定をしたこと，②「授業不成立」現象からとらえたこと，③クラス全体の問題現象として押さえたこと，である。つまり，小学校は「一人担任制」であり問題のほとんどがこのシステムから発生している。「一人担任制」のもとでは，その教師の授業が成り立たなくなると，即「学級崩壊」につながる。授業は不成立なのに，給食指導や学級活動だけうまく成立することなどあり得ないからだ。この点，中学校の「教科担任制」は，1人の教科で「授業崩壊」が起きても，

全教科9人の授業がつぶれることはまずあり得ないという。

また，河村（1999）は，「教科担任制」において特定の教師が担当するとそのクラスが学級崩壊になるケース，どの教師が担当しても学級崩壊になるケースがあり，前者は教師と子どもたちとのマッチングの悪さが問題解決の糸口になり，後者は学級集団という集団のシステムが崩壊している，としている。

学級崩壊は小学校において基本的にみられるとしても，小学校から高校まで学級崩壊が認められることもあり，この問題を統一的に説明するのはむずかしいところがある。本章では，これらを厳密に区別しないで，基本的に小学校の問題としつつ，中学・高校の授業崩壊も視野において述べる。

2．学級崩壊の実態

学級崩壊については，授業中の私語やいたずら，教室内の歩き回り，教室外へ出て行く，学級をかき回す集団の出現など，学級全体にまとまりがなくなるといったさまざまな実態が報告されている。たとえば，小学校1年の授業風景であるが，男児の1人は机の上に片足を乗せたまま器用にうつぶせになっている。その真後ろの男児は，常に体が横向きでしきりに後ろを向いているかと思うと突然立ち上がって別な男児のところに話に行く。ざわつきだして教師が注意してもすぐにガヤガヤする。注意すると「うるさいババア」と怒鳴るし，叱られると泣き出す（産経新聞社会部，2002）。またこういう例もある。無断で教室を飛び出す，トイレでひそひそ話をする。授業が始まっても，机の上にはノートも教科書も出ていない。壁には落書き。教室の後ろではボールを投げ合っている。テスト用紙を配っても紙飛行機にして投げ飛ばす。採点してわたしたテストはそのまま捨てる（朝日新聞社会部，1999）。子どもが教師の言うことをちゃんと聞いてくれる時代は終わったということが説得力を増してくる状況である。

学級崩壊の特徴としては，小学校低学年の場合は，入学時から基本的生活習慣ができていない，集団行動のスタイルに慣れていないといった特徴がある。小学校高学年の場合は，担任を否定し，授業を妨害する性格が強い（朝日新聞社会部，1999など）。

また，傍観しているようにみえる子どもたちのなかには，ちゃんと授業を受

けたくても周囲の子から排斥されるのがこわくて同調している生徒もいるし，クラスをかき回している子を心情的に後押ししている生徒もいる（朝日新聞社会部，1999）。学級崩壊は，一部の子どもや特定集団の問題ではなく，多くの子どもたちが学級崩壊に加担する可能性をもっている。つまりどのクラスにも起こる可能性がある。さらに，学級崩壊の図は「教師いじめ」に似ている，学級崩壊とは暴れる子個人の問題だけではなくクラスという「場」の問題（朝日新聞社会部，1999）であるという指摘もある。

こうしてみれば，学級崩壊は子どもの変化，教師の指導力の問題だけでなく，学校のあり方，子どもたちを育てる家庭や社会の問題が複雑にからむ教育問題であることがわかる。

2　学級崩壊の背景

学級崩壊の背景としては，「学校ないし教師の問題」「家庭の問題」「社会や地域の問題」があるということについては，ほぼ共通している。平成11年9月の文部科学省の「学級経営の充実に関する調査研究」（中間まとめ）では，「学級担任の指導力不足の問題や学校の対応の問題，子どもの生活や人間関係の変化及び家庭・地域社会の教育力の低下等が考えられ」，学級崩壊は複合的な要因が積み重なって起こり，問題解決のための特効薬はなく，複合している諸要因に一つひとつ丁寧に対応していかなければならない，としている。

1．学校・教師の問題

(1) 教師

小島（1998）によって，「授業崩壊」に陥った教師の特徴を整理すると，「教職の基礎」では，新しい内容に対応できない，授業がわかりにくく退屈である，子どもたちの要求関心などに無関心，一人ひとりに応じた指導ができない，配慮を要する子どもの対応に追われその他の生徒の指導ができないなどがある。「子どもとの関係」では，カウンセリング・マインドに欠け，子どもを傷つける，子どもとの信頼関係が崩れている，力で生徒を押さえつける，人権や個人

情報保護の感覚が弱い，いじめへの対応力が弱いなどがある。そして，「個人的側面」では，授業や学級経営に自信過剰で他から学ぼうとしない，頑固で人の忠告を聞かない，明るさ・活気・前向きな傾向がない，授業や学級経営に自信がない，判断力がない，趣味や楽しみがない，などがある。

　要するに，学級経営や授業のへたな教師，子どもとの関係づくりがへたな教師，同僚や保護者との関係がうまく築けない教師，向上心の弱い教師ということになろうか。ただし，教師の問題は制度的問題よりは変革しやすいので，改革の意見が教師問題に集中する傾向がある。もとより，教師が自己研鑽することは大切であるが，すでに現代においては教師の改革だけで学級崩壊を防ぐのはむずかしい事情もあることを指摘しておきたい。

(2) 学校

　学校に対する価値が揺らぎ，学校の権威が低下しているなかで，どのように学校変革すればよいのかはむずかしい問題である。同僚が相互に助言し支えあうシステムづくり，学級担任制を補うＴ・Ｔ（チーム・ティーチャー）を増やす取り組み，学校を地域に開放していき，子どもにさまざまな大人がかかわる取り組み（小林，2001）などが提言されている。いずれにせよ，授業崩壊，学級崩壊は学校教育の根幹にかかわる問題であり，学校全体での対策が望まれる。

2．家族・親子関係

　学級崩壊の原因は，教師だけでなく，家族関係や友達関係にも根ざしている。松原と塚田（2001）は，核家族化，少子化，単親家族化，母親の価値観の変化などの現象から，①しつけされていない子ども，②自己中心的で社会性が欠如した子ども，③強い子に命令されると同調しやすい子ども，④友達と融和して人間関係を保つことができない子ども，⑤学級に適応できない子どもが増加していると指摘している。

　また，小林（2001）は，学級崩壊の本質は「集団生活が楽しめなくなった子どもたちが増えたこと」としている。社会性，他者との関係性といった人間の基本的な部分に弱点を抱える子どもたちへの支援が必要となってきている。筆者が保育士から聞いた話では，学級崩壊の芽は保育園，幼稚園の子どもたちにもみられる。その結果が小１プロブレムとなり，学級崩壊へと続くと思われ

る。同時に他者のことを考えない自分勝手な保護者も少なくなく，保育士たちが対応に苦慮している。こういった保護者が一朝一夕で変化することはないが，教師としては保護者との信頼関係を築いていきながら，保護者の理解，協力を得て，学級崩壊の予防，解消に一歩一歩取り組んでいきたい。

3．地域・社会の問題

　地域の教育力の低下などはよく指摘されているが，ここでは子どもとの関連について若干の指摘をしておきたい。集団でのルールや遊び方，習慣などを経験することが少なくなり社会性が身につかない，競争したりがまんしたりする必要もなく，他人のことを気にしないで気ままに生活できる環境がある，話したりあいさつしたりしなくても生活できる，学校や教師に対して不信感をもつ人々の増加といったことが指摘されている（松原・塚田，2001など）。

3　学級崩壊を起こさないための対策

　学級崩壊への対策であるが，松原と塚田（2001）によって整理すると，学校でできる対策と家庭や地域へ向けた啓発に分けられる。

1．学校の対策

　学校が行う対策には以下のものがある。
　①わかる授業，楽しい授業をする（TTや習熟度別指導の導入など）
　②居心地のよい居場所のある学級経営（子ども理解，仲間づくり，いじめ・からかい・攻撃・暴力のない温かい学級経営）
　③楽しい集団遊びや集団スポーツをする（望ましい人間関係づくりのために，一人ひとりの子どもが楽しく個性を発揮できるような集団生活を営むことで，忍耐力が養われ，勝手やわがままが許されなくなる）
　④短所をなおすより長所を認めほめる（自信をもって学校生活ができるように誘導する）
　⑤学級担任制を改善する（補助教師やTTの導入，あるいは同学年の教師が

交代で授業，あるいは専科制の拡大）
⑥少人数学級にする（教師の目が十分行き届くような体制）
⑦若い教師を採用する（話しやすく遊び相手になれる教師）
⑧子どもの思い違いや失敗を笑わない（何かの失敗を笑いの種にする者を厳しく指導する）
⑨校長・教頭の体制づくり（校内の協力体制の構築）
⑩障害児教育の体制づくり（特別支援教育コーディネーターの養成）
⑪スクールカウンセラーとの連携（専門家に委託したり指導・助言を受けたりする）
⑫保護者との連携（学級懇談会や学級通信の活用，PTA研修会や講演会の実施，学校を楽しくするPTA行事）
⑬子どもの意識調査の実施（定期的な調査によって，問題の早期発見・早期解決に努める）

2．家庭への啓発

家庭では以下のような取り組みが考えられる。
①愛情をもって育てる（親の教育）
②社会生活のルールを教える（基本的生活習慣の就学前の定着，最低限のルールや善悪の判断）
③親子のコミュニケーションの時間（親子が本音で話し合える時間の確保）
④教師の悪口や批判を子どもの前でしない
⑤動植物の飼育・栽培を行う（やさしさ，おもいやりも生まれ，心の温かい人に育つ）
⑥PTA活動に協力する（保護者が交代でPTA役員をする）

3．地域・社会への啓発

地域・社会とは以下のようなことを共有したい。
①幼児教育の改善と連携（一定時間教師の話を聞いたり，ルールに従って集団行動ができるような保育）
②ボランティア活動をする（感謝される機会をもつことで，子どもたちが明

るく自信をもてるようにする)
③家庭教育学級の奨励(保護者を対象にした家庭教育学級の開催や相談窓口の設置)

4 事例に即した学級崩壊の対応策

「学級経営の充実に関する調査研究」(中間まとめ)で,学級崩壊の事例(102学級)を類型化し(重複あり),対応策を述べている。参考になると思われるので,以下に紹介しておく。

①就学前教育との連携・協力が不足している事例(11学級)

子どもの実態に即した学級づくりを勧めること,就学前教育との連携・協力を進め,必要な情報を交換すること。

②特別な教育的配慮や支援を必要とする子どもがいる事例(26学級)

教育的配慮が必要かどうかの的確な判断をすること,息の長い取り組みのための体制づくりをすること。一人ひとりの子どもの「違い」を生かす学級づくりをすること。

③必要な養育を家庭で受けていない子どもがいる事例(21学級)

子どもの教育環境を的確に把握し,関係機関との間に連携・協力関係を築いたり,子どもとの間の信頼関係を築くこと。

④授業の内容と方法に不満をもつ子どもがいる事例(65学級)

授業方法の柔軟な選択を行うこと,そのため校内研修の充実やティーム・ティーチング,体験的な活動など多様な工夫を行うこと。授業時間以外の言葉かけの工夫も大切である。

⑤いじめなどの問題行動への適切な対応が遅れた事例(38学級)

いじめに対しては子どもの心理の理解に努め,早期の適切な対応をするなど,根本的な問題を探りあて,組織的に対応すること。

⑥校長のリーダーシップや校内の連携・協力が確立していない事例(30学級)

教員の異動直後は校務分掌などで経営的配慮をし,問題状況に対しては,校

⑦教師の学級経営が柔軟性を欠いている事例（74学級）

学級間の情報交換などによって，問題状況に関する共通理解を図ること。学級担任の指導力を高めるための適正な校内人事に配慮すること。

⑧学校と家庭などの対話が不十分で信頼関係が築けず対応が遅れた事例（27学級）

学校の説明責任を果たすこと，保護者との対話や情報交換を工夫するなど，一体となって問題解決に取り組むこと，地域や教育委員会などとの連携を推進すること。

⑨校内での研究や実践の成果が学校全体で生かされなかった事例（16学級）

校内の組織体制の充実を図ること，ティーム・ティーチングなど教授・学習組織の工夫を行い，それを校内で学び合うこと。

⑩家庭のしつけや学校の対応に問題があった事例（14学級）

保護者の子育て状況を把握し適切に対応すること，学校と地域の協力関係づくりを進めること，早期の対応や柔軟な学校運営に努めること。

5　おわりに

筆者の印象を述べれば，家庭崩壊という土壌に生えた学級崩壊の芽は子どもたちの幼児期に始まっており，それらの子どもたちが成長するなかで，さらに新しい問題を示してきているという姿が浮かんでくる。そして制度的・社会的な問題や，不登校，非行，いじめ，発達障害といったさまざまな問題とも絡み合いながら，大きな学校問題として噴出してきているという気がする。さまざまな問題がリンクしているのである。

それらへの対応がむずかしいことは百も承知で，教師として，学校として，できることも多いのではないかとも思う。一見，絶望的な保護者，無関心な地域という感じも受けるが，教師や学校がその気になってはたらきかけて山が動いた例も少なくない。そして子どもたちが変わる。教師，学校，保護者，地域

もまだまだ捨てたものではない気がする。

　本章では，教育相談の具体的な技法や対応方法は述べていないが，教育相談の手法が活かせる箇所が随所にみられよう。他の章も参照しつつ，自分自身に，生徒や保護者に，そして地域に，教育相談的手法を試みながら進んでみてほしい。

第14章 いじめと教育相談

1 いじめについて

　大人であれ子どもであれ，多少ともまとまりのある集団にはいじめが生じがちである。その意味では，いじめは人間関係の病といえる。いじめは，人間の尊厳を傷つけ，基本的人権を侵害する行為である。このような視点をもっておかないと，いじめに対する対応がおざなりで，その場限りのものになりかねない。

　何よりも，いじめにより多くの子どもたちが自殺に追い込まれていった歴史を忘れてはならない。

①1986年東京都・鹿川裕史君葬式ごっこ事件

　度重なるいじめを受けていた鹿川裕史君（当時中学2年生）が欠席した翌日に登校すると，机の上に花や線香が飾ってあった。追悼の色紙には，担任を含む4人の教師が署名していた。「かなしいよ」（担任），「やすらかに」（別の教師）のほか，「いなくなってよかった」「ざまあみろ」「つかわれるやつがいなくてさびしいよ」などと書かれていた。鹿川君は，いじめられていることを担任に訴えるもまともに取り上げられることがないまま1986年2月1日に岩手県盛岡駅内のトイレで首吊り自殺。遺書には，「僕だって，まだ死にたくない。だけど，このままじゃ『生きジゴク』になっちゃうよ。ただ，僕が死んだからって他のヤツが犠牲になったんじゃいみないじゃないか。だからもう君たちもバカな事をするのはやめてくれ。最後のお願いだ。」と書かれてあった。

②1994年愛知県・大河内清輝君事件

　1994年11月27日，大河内清輝君（当時中学2年生）が，自宅の裏庭のカキ

の木にロープをかけて首吊り自殺。遺書には,「いつも四人の人にお金を取られていました。そして今日,もっていくお金がどうしてもみつからなかったし,これから生きていても…」と書かれていた。小学校からいじめられ始め,中学生になるとくり返し金銭を要求されるようになった。川に連れて行かれ,何度も溺れさせられる恐怖を与えられてから逆らえなくなったことが記されていた。

1．いじめ事件の推移

　文部科学省の「児童生徒の問題行動等生徒指導上の諸問題に関する調査」によれば,いじめの発生件数は,昭和60年度には155,066件であった。昭和61年度から減少し,平成3年度には22,082件となったが,平成4年度から再び増加に転じ,平成7年度には60,096件と第2のピークを迎えた。以後は,再び減少して平成17年度に20,143件となった。調査の方法が,平成17年度までは発生件数であったが,平成18年度からは認知件数となったため(定義の変更),平成18年度は124,898件と増加した。その後も定義の見直しがなされ,平成25年度は185,803件,平成26年度は,188,057件に上っている。

2．いじめの分類

　武田(2007)は,いじめを以下のように分類している。
①排他的な「いじめ」：仲間はずれ,無視,ばい菌ごっこなど。ある日突然,理由もわからず排除の対象になることもある。
②支配的な「いじめ」：誰かをいじめることで連帯感を高め集団の安定を図る。具体的には,交換日記などで特定の人間を集中攻撃する,芸を強要する,服装や言動などを規定する,使い走りさせるなど。
③愉快犯的な「いじめ」：持ち物を隠す,壊す,落書きする,悪口を言いふらす,など。
④携帯電話を利用した「いじめ」：1人だけ着信拒否される。「うざい」「死ね」などのメールが次々と送られてくる。「明日から○○を無視しよう」などと指示メールが回る。無理やりタバコを吸わされて写真を撮られたり,着替え中や裸の写真を撮られて配信される。
⑤サイトを利用した「いじめ」：サイトに悪口を書き込まれる,援助交際の

サイトに個人情報を書き込まれたり，写真を公開される。

3．いじめの定義

オルウェーズ（Olweus, 1993）は，「ある生徒が，繰り返し，長期にわたって，1人または複数の生徒による拒否的行動にさらされている場合，その生徒はいじめられている」と定義している。この場合の，「拒否的行動」には，脅かす，侮辱する，強要するなどの口頭によるもの，暴力をふるうもののほかにも，グループから締め出すなどの言葉も暴力も使わないものもある。いじめに関する世界共通の一致した定義はないが，スミス（2005）によると，西欧の研究者の間では，「自己防衛の容易でない者に対しての反復的な攻撃行為をいう」という合意ができつつあるようである。

文部科学省の「平成17年度児童生徒の問題行動等生徒指導上の諸問題に関する調査」までの定義では，「いじめ」とは，「自分より弱いものに対して一方的に，身体的・心理的な攻撃を継続的に加え，相手が深刻な苦痛を感じているもの。なお，起こった場所は学校の内外を問わないこととする」とされた。

この定義では，「一方的」「継続的」「深刻」との文言があいまいであり，判定にむずかしさがともなっていた。そこで，平成18年度の調査から，定義が見直され，「本調査において，個々の行為が「いじめ」に当たるか否かの判断は，表面的・形式的に行うことなく，いじめられた児童生徒の立場に立って行うものとする」とされた。「いじめ」とは，「当該児童生徒が，一定の人間関係のある者から，心理的・物理的な攻撃を受けたことにより，精神的な苦痛を感じているもの」とし，起こった場所は学校の内外を問わない。

ここでは，いじめられたとする児童生徒の気持ちが重視されている。「一定の人間関係のある者」とは，学校の内外を問わず，同じ学校・学級や部活動の者，当該児童生徒がかかわっている仲間や集団（グループ）など，当該児童生徒と何らかの人間関係のある者をさす。「攻撃」には，「仲間はずれ」や「集団による無視」など心理的な圧迫などで相手に苦痛を与えるものも含まれ，「物理的な攻撃」には，身体的な攻撃のほか，金品をたかられたり，隠されたりすることなども含まれる。ただし，けんか等は除く。なお，平成25年に「いじめ防止対策推進法」が制定された。

4．いじめとまぎらわしい行為

　いじめを，いたずらやふざけであるとして見逃すケースがしばしばみられる。いじめる側が，「ふざけていただけ」といじめを否定することも少なくない。それらを見分けるポイントは「相互性」（小泉，2006）であり，攻撃側が一方的，固定的である，双方の立場の入れ替えがないということがあれば，いじめとして毅然とした対応をする。

(1) いじめとけんか

　暴力によって問題解決をしようとする点は同じであるが，身体的・心理的な攻撃が一方的なものであるかないかが分水嶺である。

　いじめは弱いものに対して一方的，双方の立場が固定的，継続的，反復的という特徴がある。一方，けんかは対等な力関係で攻撃も相互的，双方の立場が流動的，その場限りのトラブルが多いのが特徴である。

(2) いじめといたずら，ふざけ

　いじめといたずらの違いは，強いて区分すると表14-1のようになる。

　ふざけているとみえても，プロレスごっこというかたちでいじめることがある。これも，技をかける，上に乗る側が一方的で固定している場合は，いじめとして対応すべきである。大河内清輝君の事件では，仲間とのプロレスごっこをいじめと見破れずに，注意だけで終わっていた（毎日新聞社会部，1995）とある。なお，仮に教師がいじめではないと判断しても，いじめられている子から訴えがあれば，いじめとして真摯な対応をすることは言うまでもない。

表14-1　いじめといたずらの違い（家庭問題情報センター，1995より抜粋）

いじめ	いたずら
陰湿	陽気
悪意	善意
憎悪	親愛
継続的	刹那的
加害意識	共栄意識
差別的	同質的
一方的	相互的
強弱関係	平等関係
仲間はずれ	仲間内

5．いじめのメカニズム

　いじめのメカニズムについて，内藤（2001）らの興味深い理論が登場してきているが，ここではいわゆる「いじめの4層構造」説を紹介しておく。

　森田と清永（1986）によると，学級集団は，「加害者」「被害者」「観衆」「傍観者」という4層構造をなしている。いじめは加害者と被害者の二者のみで生じるのではない。「観衆」と「傍観者」は，いじめを助長したり，抑止する重要な要素である。「観衆」や「傍観者」は「加害者」にまわる可能性があり，時には「被害者」へとおとしいれられる可能性を含んでいる。また，「加害者」も「被害者」へとおとしいれられる可能性を含み，「被害者」が「加害者」側へ回ることもある。

　いじめの「観衆」は，自分で手は下さないが，おもしろがり，はやしたてる。その意味では，観衆はいじめに加担する層である。鹿川君事件は，担任が「葬式ごっこ」に署名した。これは，教師が「観衆」になった例（今津，2005）といえる。いじめの「傍観者」は，いじめを見ながらも知らぬふりをしている子どもたちである。彼らが，いじめに対して冷ややかな反応を示し，無視，軽蔑などの態度をとれば，いじめを抑止する存在となる。しかし，彼らには自分が被害者へおとしいれられることへのおそれがあり，実際には抑止する力とはなりにくい。また，わずかではあるが，学級によっては，いじめをとめに入る「仲裁者」が現れる。この層は，「傍観者」から積極的方向へ分化した子どもたちである。ただし，「傍観者」ないしは「観衆」の支持を取り付けなければ，抑止行動は浮き上がってしまい，いじめの標的になりかねない。

　このように，加害者，被害者以外の直接の当事者でない児童生徒もいじめに関与し，彼らの言動がいじめの形成や維持に深く関与していることが明らかになっている。いじめは，加害者と被害者との関係だけではなく，「学級内などの生徒集団全体にかかわるもの」であるから，「いじめを引き起こす集団内のメカニズムに焦点を当てていくこと」（坂西・岡本，2004）が必要である。

6．いじめと犯罪

　いじめの多くは犯罪行為を含む。社会のルールは学校でも適用されるべきで

表14-2　犯罪として処遇するものと学校内で指導するもの（森口，2007より作成）

一般社会で犯罪になる行為（学校でも犯罪として扱い司法機関と連携して指導する）	刑法上の罪には記載されているが，一般社会ではよほどのことがないと犯罪にならない行為（学校で指導する）	犯罪でない行為（学校で指導する）
恐喝，強制わいせつ，暴行，傷害，窃盗，器物損壊等	名誉毀損，侮辱	仲間はずれ，集団での無視

あるとの前提に立てば（岡本，2006），基本的には，犯罪への対応は社会のルールに任せるべきである。そのうえで，例外的に学校で指導するべきものを選択するというのが基本的考え方となろう。

　森口（2007）は，学校においても犯罪には毅然と対処する必要があるとしつつも，すべての犯罪を一律に扱うのではなく，一般社会でよほどのことがないと犯罪とされないものについては，学校で指導するのが実際的だとしている（表14-2参照）。

　暴行や恐喝など犯罪行為にあたるようないじめを行う児童生徒については，警察との連携が積極的に図られてよい（平成8年文部科学省の通知）とされている。ただ，その児童生徒はいずれ学校で引き受けなければならない。警察などとの連携をしながら，事後の生徒指導，教育相談をきちんとやっていくことが大切である。

2　いじめの予防

1．いじめの兆候

　いじめは見えにくいといわれる。いじめの態様のなかには「ありふれた状況として存在する」（宮崎，2007）ものがあるからである。しかし注意してみれば，いじめられている子どもは必ずなんらかのサインを出している（表14-3参照）。

表14-3　いじめられている兆候（Olweus, 1993より）

◎＝一次的兆候（いじめ状況と直接的で明白な関係があるもの），○＝二次的兆候（いじめ状況と直接的で強い関係があるわけではないが，1つの目安になることが多いもの）

学校でみられる兆候	◎卑劣なやり方で繰り返しいじめられる，悪口をいわれる，屈辱的なあだ名をつけられる，嘲笑される，けなされる，笑いものにされる，威嚇される，おとしめられる，脅される，命令される，支配される，服従させられる。 ◎嘲笑的で非友好的なやり方で物笑いの種にされ，笑いの的にされる。 ◎あら探しをされ，じゃけんに扱われ，こづかれ，叩かれ，殴られ，蹴られる（そして自分をうまく守ることができない）。 ◎「口ゲンカ」や「殴り合いのケンカ」にまきこまれ，まったく手出しができず，引きこもってしまう（または泣き出してしまう）。 ◎本やお金，あるいはその他の所持品をとられたり，傷つけられたり，ばらまかれたりする。 ◎説明がつかないようなアザ，怪我，切り傷，引っかき傷ができ，衣服が破れている（同時に二次的兆候のいくつかがみられる）。 ○休み時間や昼休みにひとりぼっちのことが多く，仲間グループから締め出されている，クラスの中に仲のよい友人が1人もいない。 ○チームでゲームをする時，最後までチームメートとして選ばれない。 ○休み時間に教師や他の大人の近くにいたがる。 ○クラスでは自分の意見を言うことができず，不安で頼りない印象を与える。 ○悩みをもっていて，不幸せで，落ち込んでいて，涙もろくみえる。 ○成績が突然または徐々に低下する。
家庭でみられる兆候	◎学校から帰ってきたとき，服が破れていたり乱れていたり，本が傷んでいたりする（同時に二次的兆候のいくつかがみられる）。 ◎納得のいく説明がつかないような打ち身やケガ，切り傷，引っかき傷がある（同時に二次的兆候のいくつかがみられる）。 ○学校が引けてからクラスメートや仲間を家につれてきたり，クラスメートの家や校庭で一緒に遊んだりすることがほとんどない。 ○一緒に遊んだり，買い物をしたり，スポーツや音楽のイベントに行ったり，電話でおしゃべりをする仲よしの友人が1人もいない。 ○パーティーに呼ばれることはほとんど，または全くなく，自分からパーティーを計画することにも関心がない（なぜなら声をかけても誰も来ないと思っているから）。 ○朝学校に行くのを怖がったり渋ったりする，食欲がない，とくに朝，頭痛や腹痛をよく訴える。 ○学校の行き帰りに普通では考えられないような道を選ぶ。 ○いやな夢で安眠できない。睡眠中に泣く。 ○勉強に関心がなくなり成績が下がる。 ○不幸せで悲しそうで，ふさぎこんでいる，突然，癇癪を起こしたり感情を爆発させる。 ○家族からお金をせびったり盗んだりする（いじめっ子に用立てるため）。

2．予防的かかわり

いじめの予防は，さまざまなところで行うことができる。たとえば，①教師が生徒と一緒にいる時間が多くなるといじめは減少する，②教師間で生徒についての情報交換を日常的に行う，③学級活動や道徳の授業などで指導したり，生徒どうしでいじめについて話し合う機会をつくる，④教師の人権感覚を磨き，児童生徒にも人権学習等で理解を深めさせる，⑤いじめをテーマに校内研修を行う，⑥構成的エンカウンターなどで，集団のなかで孤立しがちな生徒とかかわる友人づくりをする（Olweus, 1993），などがある。

実際の中学校での取り組みをみると，人権学習の教材を取り入れている（80.8％），学級での話し合い活動（70.9％），命の尊重に関する教材を取り入れている（59.3％），いじめに関する文学教材を取り入れている（29.9％），ロールプレイによる体験活動（3.8％）といった順位である（小学校・中学校ともに，順位に違いはない）（秦，2001）。

3．いじめ防止プログラム

いじめ防止プログラムも有効な取り組みである。重要なことは，学校でのいじめ防止意識をもち真剣に取り組むことである。

オーストラリアのスリー（Slee, P.）によって，システム的ないじめ防止プログラムとして，「P. E. A. C. Eパック」が開発されている。文字通り，「準備（Preparation）」「教育（Education）」「行動（Action）」「対処（Coping）」「評価（Evaluation）」の5段階のステップを踏んで実施される（スリー，2005）。わが国でも，ピース・パックの5段階のステップという原則だけを残し，長期間にわたって意識的・計画的に子どもにはたらきかけていく「ピース・メソッド」が滝充によって開発され活用されている（滝，2001）。

3　いじめの教育相談

いじめ介入で最も大切なことは，いじめの被害者を保護することである。何

らかのいじめの兆候を察知したらただちに介入する。その際，事実関係を把握し記録しておく。教師が把握したいじめは氷山の一角であることが多いので，情報収集などのために同僚の協力を得る。事実関係がある程度明らかになったら，いじめている子，いじめられている子双方の保護者に連絡する。

いじめ事件は，教師個人で対応しても，学校の責任に波及することがある。したがって，いじめへの介入は，学校全体で組織的に取り組むのが基本である。必要があれば，地域や関係機関と協議する。学校だけが，教師だけがいじめを解決できるという閉鎖的考えをしない。

1．いじめられている子どもへの教育相談

(1) いじめられている子どもの特徴と心理

いじめられている子どもの特徴について，オルウェーズ（Olweus, 1993）は，①身体的ひ弱，②身体コンプレックスをもっている，③用心深い，繊細，静か，引っ込み思案，受動的，従順，恥ずかしがり屋，泣き虫，④不安，頼りない，不幸せ，悩みが多い，自分自身を否定的にみている（自信がない），⑤自己主張するのがむずかしい，⑥仲間たちより大人との関係がよい，といった点をあげている。また，稲村（1986）によると，いじめられっ子の心理として，①強い屈辱感（力と数で屈服させられ，人前で面目をつぶされ，怖いし口惜しくてたまらないのに手も足も出ないというやり場のない気持ち），②敵意・殺意（これらは夢に現れることが多い），③希死念慮ないし強い絶望感（一日も早く死にたい，これ以上生きているのが耐えられないほど苦しい，家族に迷惑をかけて犠牲にしてしまった）というものが顕著である。

(2) いじめられている子どもへの対応の留意点

教育相談での具体的留意点（Olweus, 1993；日本弁護士連合会，1995；武田，2004などを参考に作成）を以下に示す。

①安全で，安心できる相談環境を用意する。

いじめ被害者は，加害者から口止めされ，仕返しを恐れていることが多い。それなのに相談にくるというのは，よくよくの決心からであることに思いをいたし，相談にきたことを真剣に受けとめる。相談時間や場所への配慮のほか，面接のすべての過程で安全で安心な環境を維持する。

②被害者の話は，受容的，共感的にじっくり聞く。

まずは，被害者の事実認識に添って話をじっくり最後まで聞くこと。いじめの期間や態様を詳しく聞く際には，痛み，悲しみ，つらさをじっくり受けとめて共感的に聞く。被害者の発言の背後にいじめの構図が隠れている。こちらが聞きたいことは，被害者の話が十分に展開した後で聞くようにする。

③いじめの被害者を責めない。

いじめのメカニズムをみず，いじめられるのはいじめられている子にも落ち度があるからだとか，強くならねばという認識は問題である。とくに長期間いじめられた子どもは，自分に非があると考えたり，自分を責めている場合が多い。その気持ちをじっくり受けとめることが大切である。その後，機会をみて，それは被害者がしばしばもつ感情であり，その子には原因がないことを伝える。

④助言，指導を急がない

まず話を十分に聞き，話の内容を整理し，そのうえで，今後の対策について一緒に考えていく。助言や指導が必要なときには，信頼関係が十分に形成された後に，被害者の安全を確保する方向に沿ったかたちで行う。

⑤保護者の協力を求める話し合いをする

いじめの解決には，保護者の協力が欠かせない。加害者側との交渉や法的措置をとる可能性が生じることもあるので，法定代理人としての保護者が知らないという事態は避けたい。被害の事実をどうしても保護者に知られたくないという子どももいる。その際にも，子どもと十分に話し合い，何とか保護者につなげて，ともにいじめの解決に取り組む方向性を探ること。最終的には，たとえ子どもが拒否しても，保護者に伝えなければならないことを覚悟しておく。

⑥精神症状を抱えた子どもの教育相談

いじめの被害者は，「一時的にストレス性身体症状（頭痛，腹痛，嘔気，発熱など）を示す軽度のものから，慢性的に症状が持続する神経症レベル（強迫症状，恐怖症，ヒステリーなど），さらには精神病レベル（幻覚・妄想など）」や，「境界性人格障害」（立花，1995）などさまざまな症状を示したり，PTSD，複雑性PTSDなどの症状を呈することもある。このような場合には，できるだけ早く医学的措置が受けられるように配慮し，医師とも相談して，学校としてできる範囲でかかわりを続けていく。スクール・カウンセラーなどとの役割分

担も考えられる。

⑦早急にトレーニングに入らない

いじめられている子どもへの教育相談では，正当な自己主張ができるようにする，自己表現力を育成するなどの目的で，SST，ロールプレイ，アサーショントレーニングなどを用いることがある。これらは，児童生徒の安定度をみて，趣旨をよく説明したうえで，慎重に行う。とくに，いじめられた場面を想起してのロールプレイは，重篤なトラウマを抱えている場合にはかえって症状の悪化を招くことがある。むしろ，受容，共感的なかかわりを維持し，教師はそばに付き添う心持ちで接していくのがよい。

⑧転校，休学といじめ

いじめを避けるために転校，休学させても子どもが安心するわけではない。携帯電話で呼び出されるので，「今は必ずしも被害者が学校に行かないことがいじめの回避や解決につながらない」（武田，2007）ことに注意する。

⑨その他

常に，自殺という最悪の事態も想定しつつ万全の措置を講ずべきである。また，二次被害の防止を心がける必要がある。

2．いじめている子どもへの教育相談

(1) いじめている子どもの特徴と心理

オルウェーズ（Olweus, 1993）によると，いじめている子どもの特徴として次のようなものがあげられている。①他の生徒を支配したり従えたり，力と脅しで幅を利かせたり，好き勝手にふるまうことへの欲求が強い。②短気で怒りっぽく，衝動的で欲求不満に耐える力が弱い。ルールに従うことや，逆境に耐えることが苦手で，不正をして利を得ようとする。③大人（教師や親）に対して反抗的，挑戦的，攻撃的。窮地に追い込まれると言い逃れをする。④いじめ以外の非行や不良交遊がある。また，家庭問題情報センター（1995）によると，環境的には非行少年の家庭と共通点が多い。性格的には，共感性に乏しく，劣等感や嫉妬心が強く，神経質であるなどが指摘されている。

また，楠（2007）は，いじめ加害者の子どもの抱える葛藤について，①自らの生きづらさや自分の抱える傷つきを誰にも理解されず，共感してもらえない

とき，その傷つきを他者への攻撃性として表出する，②自己肯定感の脆弱さゆえに他者を支配することで自分のパワーを確認しようとする，③同性の仲間集団での遊びといった，発達のエネルギーを発揮していける活動と人間関係を奪われているという問題が存在していると指摘している。

(2) いじめている子どもへの教育相談の具体的留意点

継続相談を原則にする。加害者をつかまえて説教するだけでは，不十分である。問題が解決するまで粘り強く，継続して相談を続けることが必要である。

また，いじめている側がグループの場合は，事実を隠蔽しようとすることが多い。1人ずつ個別に話を聞くようにし，必要があれば全員を集めて話をする。

生徒のなかには，否認や，言い逃れをする者がいる。事実関係の把握が進んでいけば，そのような主張はいずれ崩れていくものである。冷静に，一つひとつの事実の聞き取りを積み重ねていく姿勢が望まれる。また，複数の教員による粘り強いかかわりが功を奏することもある。

いじめという行為に対しては厳しく対応をするが，同時に，いじめている子の不満や満たされない気持ちを理解し支援していくという対応が望ましい。いじめをしている子どもが，「自分が抱えていた生きづらさや葛藤に気づき，それを共感的に受け止めてもらえただけで，いじめから離れることができる」（楠，2007）という指摘もある。いじめる子どもは，攻撃というかたちでしか他者との関係性を保てない側面がある。攻撃ではなく言語で表現できるようにしていくために，言語による関係づくりとしての教育相談が期待される。

カウンセリングに頼り過ぎないことも気をつけたい。カウンセリングよりもケースワーク的かかわりが必要になる場合が多い。問題がこじれてきたときなどには，第三者の介入が必要になる場合がある。

「いじめ体験のない子どもに比べると，いじめにかかわる子どもほど学校生活への不満が高い」（全国教育研究所連盟，1986）ので，学校への適応を工夫することも効果がある。

4 保護者との教育相談

　いじめの解決の過程で，しばしば学校と保護者との対立，紛糾が生じることがある。その原因として，いじめの事実関係を十分に説明していなかった，教師の主観や偏った評価による発言があった，保護者と感情的な話し合いになった，中途半端な援助で終結した，保護者の苦境を支える支援をしなかった，いじめに関係していない周囲の保護者からの誹謗中傷を防止できなかった，などがある。保護者の教育相談は重要である。

1．いじめられている子どもの保護者との教育相談

　①保護者の気持ちを受けとめる。
　保護者は，わが子がいじめ被害に遭ったことで，学校や担任に不信感を抱いてやってくる。また，今後学校でいじめられずにやっていけるのかという不安，進学など，将来が心配であるという気持ちもある。保護者の気持ちを十分受けとめ，わかっていこうとする姿勢が大切である。
　②協力関係をつくる。
　いじめをなくすという目標達成に向けて，学校の対策があればそれを示し理解してもらう，ともに解決策を練り上げていくなど，協力関係をつくっていく。
　③子どもへの対応の相談。
　保護者以上に子どもが傷ついていることを伝え，子どもの気持ちを大切にしながら，じっくり話を聞くことの大切さを伝える。そして，いじめでは報復の危険性が常にあるので，まず子どもの安全を第一に考えること，子どもの成長を長い目でみると将来に希望がもてること，いじめは学校などの介入で沈静化するが，しばしば再発するので，いじめ解決まで粘り強く取り組むこと，といった助言をする。

2．いじめている子どもの保護者との教育相談

　いじめについては気づいていない，気づいても対応しない，あるいは自分の子どもが悪者にされたと憤りを示す保護者がいる。はじめはとにかく保護者の

言うことを聞いていく。話を十分聞かないで，保護者を責めたりしない。いじめている子の保護者は，いじめ解決にとってキーマンとなり得るので，協力関係を築いていく。いじめている子の親とも，子どもの心のあり方について話し合っていくのが基本である。

　また，家庭環境に問題があることも少なくない。温かみに欠ける家庭，暴力が日常的であったり，しつけに一貫性がないような家庭（スミス，2005）や，貧困であったり夫婦関係が不和という家庭もある。したがって，保護者を支援するような方向でのかかわりも必要になることがある。そのようにしても保護者と学校に対立が生じる場合がある。そういうときには，スクール・カウンセラーなどの第三者の介入を工夫する。

5　周囲の子どもへの教育相談

　教師が対応すると，「いじめがなくなった」13.2％，「少なくなった」42.1％，あわせて65.3％という結果がある（秦，2001）。まず教師がなんらかの対応をすることが重要である。

　いじめに複数の子どもが加担している場合には，集団規範が低下するので，学級の再構築をめざす。また，いじめが続いているときは，周囲の子どもの受ける精神的なストレスに対応する。必要があれば，周囲の生徒の教育相談を実施する。

　いじめに対して，クラスの子どもたちが対応すると，ある程度の効果はある。しかし，周囲の子どもはいつ自分がいじめられるかもしれないという危険性を抱えていることに十分に配慮する。教師がクラス全体にいじめがあったことを報告し，注意を与えて終わるようなことだけは避けたい。集団に対する指導では，自分もいじめられるかもしれないという子どもたちの不安や，恐くていじめを止められない気持ちなどにも対応しながら，継続的に指導を続けていく。

第15章 保護者に対する支援

1 はじめに

　現代の保護者像は，多様な様相を呈している。しつけ欠如，モラル低下の保護者もみられるが，むしろ，しつけやモラルに対する態度が多様化している（広田，1999）ところがある。学校現場ではそういった保護者と接することが避けられない。

　そのようなときの基本姿勢はどうあればよいのだろうか。われわれにも答えが用意されているわけではない。しかし，私たち人間には社会を営むうえで，「社会現象の変化によって変えてはいけない，変わらない部分がある」，つまり，「大人または親が責任を持って次の世代に伝えていかなければならない基本的能力」（野外文化研究所，2002）があるはずである。それゆえ，学校と保護者とが「子どもの成長に尽くす」という点では共有できるものがあると思う。われわれはそういったことを反省的に自問自答しながら，保護者と生徒を援助していきたいと考えている。

2 保護者の実態

　以下は教師からみた保護者の現状の一部である。
・子育ての不安をだれにも相談できずに1人で抱えている。
・自分さえよければそれでよいという保護者も少なくない。
・子どものことよりも自分のやりたいことを優先する未熟な保護者も増えてき

た。
- とくに問題のないように見えた子どもたちが突然事件を起こす現状のなかで、自分の子どもに「もしものことがあれば」という不安を抱えている。
- 家庭の教育力が低下している。家庭でしつけるべき、偏食指導、登校の準備、体を清潔に保つ、きまりを守る、がまんをするなどの基本的な生活習慣が身についていないまま入学してくる子どもが増えたため、学習を進める前に、基本的生活習慣を教える場が必要になってきている。
- 子どもの人間関係づくりの能力が育ちにくくなった大きな要因は、やはり保護者自身の人間関係づくりの能力不足である。
- 参観日なのに我が子を見ることなく廊下で立ち話をしている保護者が増えてきている。保護者の親としての自覚が十分ではないと考えられる。
- 子どもよりも仕事を優先しているのではないかと思われる保護者が増えてきた。
- 子どもが学校生活のつらさを家庭で話すと、すぐに学校批判をする保護者がいる。このような批判は、自分の子どもが家庭で見せる姿だけをすべてと思い、学校では違う姿を見せていることを理解していないことや、学校で過ごすことの意味を理解していないことからくると思われる。

　このような保護者を学校の立場から非難するのは簡単である。しかし、一人ひとりの保護者それぞれが課題や悩みを抱えていることが多い。また学校とは違った価値観をもっていることも少なくない。したがって、一律に学校の指導や方針に協力するのが当然であるという姿勢で対応をしてもうまくいかないと思われる。とはいえ、われわれの前に悩みを抱えた多くの保護者がいる限り、最善の努力をしていきたい。では具体的にどのような支援をしていくかについて、以下で考えてみたい。

3　家族支援のさまざまな形態

　教育相談における家族へのかかわり方を類型化すると、以下のようになる（小此木・狩野、1998を参考にした）。

1．家庭環境整備のための支援

　生徒の教育相談を効果的にするためには，家庭環境が大切である。生徒が安定するために，生活環境を整える支援である。家族の協力を得る，基本的生活習慣など家庭内での対応の支援をする，生活環境の調整と適正化などをすることが考えられる。教育相談において最も基本的な支援である。

2．個人への支援

　家族の生徒への態度やかかわりが生徒の問題の進展に影響が大きいという場合に，生徒の適応のためにできるだけ好ましい方向に調整することを目的として家族とかかわる。放任している保護者，逆に過保護・過干渉で生徒にストレスを与えている保護者，子育ての不安を抱えた保護者などへの心理的支援があげられよう。思春期の親子関係のあり方，心の病気を抱えた生徒への接し方の助言などもある。

3．相互作用への支援

　家族関係そのものに問題がある場合の支援である。具体的には，生徒－親子関係や生徒と複数の家族メンバー間の相互作用に焦点をおいて支援する。方法としては，父母同席面接や家族同席面接などが用いられるが，慣れないとかなりむずかしいところもある。しかし，今後の教育相談において必要になってくる場合も少なくないと思われる。

4．家族そのものへの支援

　個々の家族メンバーを越えた全体としての家族の病態の改善を支援する。生徒に何か問題が生じているのは，家族そのものの病理のせいであるとみていく。これには，家族そのものが病理を抱えており，個々の患者はその病理を提示しているに過ぎないという疾病観・患者観が根底にある（小此木・狩野，1998）。
　そのため医療現場などでは家族療法がよく用いられている。そして，家族のもつ治癒力を信頼して，家族全体にはたらきかけるという方法をとっていく。教育相談において家族療法をせよというのではなく，家族の1人とかかわる

ときにも，このような視点をもってかかわると，得るところが大きいと思われる。

なお現代においては，とくに次の2点が課題となる（小此木・狩野，1998）。
①子どもの発病，登校拒否，家庭内暴力，非行などのストレスに対する家族危機，および，個々のメンバーのストレス反応に対して，家族をどのように援助するか。
②父母のいさかい，別居，異性問題，アルコール依存，離婚，再婚，家庭内離婚などによる家族構造そのものの崩壊・解体状態の家族における，生徒や父母などへの援助。

学校においても，これらへの対応が重くのしかかっている。生徒指導係もその対応で日夜奔走している。教育相談においても避けて通れない課題である。あくまで生徒のためという観点から，必要があれば関係機関や専門家とも連携しながら，地道に支援していく姿勢が望まれる。

5．親代わりの人への支援

父母がいないとか，長期不在で，親代わりの人がかかわっている場合の援助である。後見人選任や生活支援などの問題も生じるので，これらの教育相談には関係機関と連携したソーシャル・ワーク的かかわりが必要になる。

以上は保護者の状況を見極め，それに応じた支援をしていくための参考である。われわれは治療機関と違って，家庭や保護者そのものを治療するのでなく，教育的関与をしていくのだということを忘れてはならない。

4　保護者面接の留意点

ここでは保護者面接の留意点について述べる。まずおさえておきたいのは，子どもは親との情愛の絆がつながっていることを確認したがる存在であるということである。自分を尊重し，自分の気持ちを大切に扱ってほしいと思っている。そのために，保護者との面接で大切なことは，子どもとの情愛の絆をつな

げていくことである。この点は，ある程度「変わらないもの」ではなかろうか。その点は教師と保護者との共通理解が得られるところであろうと思われる。

　そのためにも，保護者自身についてよく知らねばならない。どのように生きてきたかなどを感じとっていく。同時に，子どもに対する保護者の思い，今までどのような期待や願いをもって育ててきたのか。これから子どもにどうなってほしいかなどに気をつけて聞いていく姿勢が望まれる。

　以下は，保護者面接に際して1つでも2つでも参考にしていただければ，得るところが大きいと思われる。

　①安心感をもってもらう。

　保護者は，自分の子育てについて非難や批判されはしないか，自分の気持ちが理解されるだろうかといった心配や不安，警戒心を抱いて面談にくる。まずは，きてくれたことへのお礼やねぎらいの言葉をかける。そして保護者は子どもの成長のための協力者であるという姿勢をもって接していくと，徐々に安心感を抱いてもらえるようになると思う。

　②保護者を子どもの問題の原因にする発言をしない。

　不登校にしろ，非行にしろ，親の養育などが影響していると思わされることが少なくない。そこには原因を知って安心したい心理がある。しかしこれが原因だと特定することはむずかしい。われわれにできることは，親自身，子ども自身をわかっていくことである。頭だけの原因論では役に立たない。「わかっちゃいるけど，やめられない」とは，このことをいう。むしろ保護者が自分と子どもとの関係を頭以外で感じ取っていけるように支援していくほうが大切である。

　③保護者を責めない。

　親を否定的にみたり，責めたりしない。そういう対応をされた保護者は必ずといっていいくらい心を閉ざしてしまう。そうすると心の柔軟性が失われるので，心の変容ができなくなる。かえって問題がこじれ，解決が長引いたりしやすい。吉田（2007）は，「親面接では，目の前に座られている保護者が，これまでずっと最善手をとり続けてこられたのだということを肝に銘じなさい」と先輩から教えられたと記している。筆者にも同様の経験がある。保護者のことがわかり，保護者なりにがんばってきたということが実感できてくると，不思

議とそこから展望が開けてくるものである。

④教師と考え方の異なる保護者にどう対応するか

保護者の考えが間違っていると思っても,急いで相手の考えを正そうとしない。まず自分とは異なった考えに対しても,その通りだと本気で思えることが大切である。もし保護者に受け入れてもらえるとしたら,それは十分な信頼関係ができてからである。経験上からいうと,その過程で保護者のほうでもさまざまな気づきが得られていくものである。

⑤学校を非難する保護者にどう対応するか。

保護者の学校への非難の裏には,自分には無理だという気持ちがある。それをわかっていくこと。そのプロセスを大切にするのがカウンセリングである。理不尽な保護者の言動は,保護者の子ども時代の対応様式が出ていることが多い。それをどう大人の対応にもっていけるかが大事である。現在の自分のやり方では大切な人との問題を解決できないということがわかって人間は変わっていける。

⑥保護者がわかってほしいわかり方がある。

人をわかっていくことはむずかしい。面接では,保護者の気持ちに添って,わかっていこうとすること。こういうふうに生きてきて,いまこういう境遇にあるのなら,そう考えるのもわかる,といったわかり方をしたい。そして自分なりにわかったことを,「こういうわかり方でいいのか」と保護者に聞いてみながら進める。そうしていくと最終的には,保護者のほうでも「そういうわかり方をしてもらってよかった」という思いを感じてくれることが多い。

⑦解決を急がない。

問題を何とか早く解決したいと考える保護者から,「どうしたらよいのでしょうか」と聞かれることも少なくない。保護者がさまざまな対応を尽くしてできなかったことを,教師の助言のとおりにすればできるということは期待できない。教師としては,まず保護者の「できない」という気持ちを丸ごと受けとめていくようにする。そのようなかかわりをじっくり続けていけば,そのうち保護者に力がつき,状況が変わってくるなどから新しい展開が開けてくるものである。保護者が判断し,決め,行動していくことを大切にする。

⑧家族のだれとも同調しない。

意図していなくとも結果的に親と同調して子どもに問題があるとしたり，逆に，子どもと一緒になって親を悪者にすることがある。これでは問題の本質がみえなくなり，解決から遠ざかる。

⑨教育相談にきたことの手ごたえを感じてもらえる面接をする。

保護者のほうで，「この人と話をしてよかった」「きてよかった」と感じてもらえると，その面接はほぼうまくいったといえる。たとえ問題解決の糸口がつかめなかったとしても，自分の気持ちを教師にわかってもらえたということだけで満足する保護者は少なくない。

⑩保護者と実家，保護者の保護者（祖父母）との関係にも思いを及ばせる。

保護者は，祖父母から対人関係のあり方を引き継いでいる。問題があるような養育であっても，それ以外の方法は学んでいないことがある。ある母親は「愛されたことがないので，子どもを愛するという感覚がわからない」と悩んでいた。それがわからずに「もっとやさしくして」という助言は親に酷である。祖父母から受け継ぎ，また，子ども時代から持ち続けている対人関係のあり方が親を苦しめている場合，それらの影響をいかに軽減していくかが大事な視点である。

⑪保護者の人生での役割を視野におく。

保護者はいくつかの役割を生きてきたし，生きている。母親を例にとると，子ども，学生といった役割を生きてきたし，現在では，母親，妻，市民，職業人といった役割を生きているはずである。それぞれの生き方はどうであったのか？そういう視点も心得ていると，保護者の考えや感じていることなどが理解しやすい。子どもとの関係で大切なのは，父親，母親という役割の部分に動いてもらうことである。

⑫家族の歴史をみる。

家族にも歴史がある。父母の婚姻，別居，生徒出生時の家族状況，転居，きょうだいの出生，家族の死亡など，さまざまな出来事がある。本人の立場に立って，保護者の生きてきた過程で何があったかを感じとろうとしていくと理解が深まることが多い。

⑬子どもの成長についていけているか。

子どもが成長してくると，親の知らない領域（秘密）が増えてくる。それは

子どもの自立にとって必要なことであり、それを尊重できているか。また、子どもが成長してくるにつれて、親と子との位置関係が上下関係から対等関係へと徐々に動いている現実に柔軟に対応できているか。そのあたりでつまずいている保護者もいる。

⑭精神的に問題を抱えている保護者や発達障害の保護者がいるかもしれないことに注意しておく。

面接をしていて、話が通じない、応答がしっくりこないといった違和感が生じることがある。そういう場合に、保護者のなかには、何か精神的な問題を抱えている人がいるかもしれないという点も考えてみる。そういう疑いを抱いたときは、専門家に相談する。

5　困った保護者への対応

いわゆる「モンスターペアレント」とよばれ、周囲の迷惑は顧みず、自分の権利を主張して、理不尽なことを要求する保護者が増えてきた。ひと昔前ならば、こういうことをするのは、暴力団員や変わり者といった特別な保護者がすることであった。ところが、最近では一見「普通」の親にもみられるようになった。それらは学校に対して利己的で理不尽な要求をする自己中心性、それがおかしいと思わない常識と礼節の欠如、他責的なところが特徴である。これも背景には前述した「多様性」があると考えれば、了解できることである。人間が社会生活を営むうえで変えてはならないもの、変わらないものは何か、という自省的かかわりをすれば、共通理解の道が開けてくると思われる。

ここでは具体的対応について述べる。

1．初期対応が大切

困った保護者がクレームをつけてきたとき、問題がこじれる大きな原因の1つは、初期対応の失敗である。横柄、ぞんざい、まともに応対しないといった対応が相手を刺激して、クレームを大きく複雑にしてしまう。

保護者が、話のわかる人か、わからない人かを見極める力をつけることが大

切である。紳士的であったり，下手に出たりするが，懐に刀を忍ばせているような人もいる。教師としては，カウンセリング・マインドの姿勢で，礼儀にかなったていねいな対応をしつつ，話を聴いていくのが基本である。これはすべての保護者面接で求められる姿勢である。

なお，後で訴訟などになるかもしれないことを念頭において，場所や時間はきちんと定めて会う，メモをとっておくことなども必要である。また，保護者の精神的な病気の可能性などについても視野に入れておく。

2．クレームの背後の要求を聴く

保護者が学校に対して，何かを要求するということは，学校に対してなんらかの期待があるということである。また，クレームの背後に親の不安，学校への不信感がある。背景に何があるのかを探る心持ちで会う。無理な要求に対して，嫌な思いをすることが多いが，がんばって保護者の言い分に耳を傾けたい。まず聴く，そして，問題を明確化していく（学事出版編集部，2008）。

相手が，「モンスターペアレントやクレーマーである」と思うと返事がしどろもどろになったり，萎縮して冷静に考えることができないまま返事をしたりと，こじれた関係が余計に悪化してしまう。怒りに揺さぶられず，卑屈にならず，ていねいに対応する（学事出版編集部，2008）。困った保護者が無理難題を要求してくるときは，感情的になり早口である。相手のペースに巻き込まれないように，一呼吸おく心持ちで応答するという方法もある。

3．学校での子ども像を伝える

生徒は，家庭と学校では違った姿を見せることがある。しばしば保護者が違った認識をすることもある。競技で着順をつけることにクレームをつけてきた親に対し，その生徒は自分のがんばりに満足して，次への意欲を示していたことを評価していること，ほかにもよい所がいくつもあることなどを教師が伝えると納得して帰ったことがある。このように，学校に無理難題を言ってくる保護者には，日ごろ記録している事実，評価している部分を伝えながら話を進めると感情的なしこりが残らない場合がある。

4．一緒に考える姿勢を大事にする

　相談では，生徒の成長のために学校と家庭が，これから何をすべきか，何ができるかを一緒に考える姿勢を大事にする。子どもを育てるというフィールドに一緒に立ってもらうことがコツである。

5．できないこととできることとを区別する

　相手の勢いに押されて，ついできないことを安請け合いすると，後で取り返しのつかないことになる。できないことはできないと伝える。

6．複数で対応する

　必ず上司や同僚に報告・連絡・相談をする。組織的に，複数の教職員で対応することが原則である。最初から「校長を出せ」と言う保護者も多いが，最初に校長が出たのでは後がない。報告し打ち合わせしたうえで，対応はできるだけ生徒指導の担当者や学年主任，教頭までで解決していくようにする。

7．学校では，日頃から対策を講じておく

　理不尽な保護者に対しては，学校だけで解決できないことが少なくない。教育委員会とも連携して，日頃から対策を講じておくことが望ましい。すでに，学校の取り組みとして，弁護士，精神科医などを加えた支援チームの作成，研修で保護者のクレーム対応のロールプレイなどを実施するといったことや，苦情等対応マニュアルの作成などが進んでいるところもある（総合教育技術編集部，2007）。

6　保護者への援助システムの構築

　子どもの問題行動などへの援助に，複数の関係者がチームでかかわることができるよう，各学校の実態に応じて校内体制を整えておかなければならない。

1．学校内の主な援助担当者

　学校内の主な援助担当者には，学級担任，生徒指導主事，特別支援教育担当者，教育相談担当者，養護教諭などがいる。子どもや保護者の相談担当者は，状況に応じて臨機応変に行わなければならない。そのために，相談の窓口を一律に決めるのではなく，校内での役割や教職員の個性・得意分野などを考慮して援助体制を構築したい。また，学校には，スクール・カウンセラー，ハートなんでも相談員，親と子どもの相談員（地域によって名称が異なる）などが配置されているので，日頃からの連携を心がけたい。

2．PTAや地域の力の活用

　保護者自身が成長するためには，保護者が周囲の人との人間関係をうまく築く必要がある。子どもの問題行動などに悩む保護者は孤立しがちな傾向もあるので，PTA活動や地域の行事への参加をはたらきかけたいものである。

(1) PTA活動への参加

　各学校において，特色のある活動を展開している。学校によって名称は異なるが，PTA会長を中心として，学年・学級PTA部，保健体育部，成人教育部，事業部，校外指導部，調査広報部などがあり，それぞれの部が子どもたちのよりよい学校生活のために，また，保護者相互の親睦のために協力し合って活動している。

＜それぞれの主な活動例＞
・学年・学級PTA：学級・学年の親睦，学校の環境整備のための奉仕作業
・保健体育部：PTA会員相互の親睦のためのレクリエーション
・成人教育部：趣味のサークルなどの運営
・事業部：運動会や参観日でバザー，故紙回収などを運営し，収益金で子どもたちの環境整備
・校外指導部：子どもたちの交通安全，不審者対策への協力
・調査広報部：子どもたちや保護者の活動の広報

　参加した保護者は，各活動の世話役をしなければならないため大変な面もあるが，交友関係が広がり，1年間の活動が終わるころには「やってよかった」

という声が多く聞かれる。子どものためにという意識をもち、「子どもたちのために一緒にがんばりましょう」と誘い合いたいものである。
(2) 地域行事への参加

PTA活動とともに、地域の愛護班活動などが行われている。地域の祭りなど、地域の伝統文化を継承するための活動が行われたり、キャンプやスポーツ大会など住民相互の親睦を図るために活動が行われたりしている。

3. 専門機関との連携

保護者に専門機関での相談を勧める場合、学校から見捨てられたと感じることがないように、学校、家庭、専門機関がともに考えていく方針をしっかり伝えることが大切である。そしてその後の専門機関との連携では、情報を連絡するだけでなく、連携しながらともに行動することが望まれる。

7 おわりに

保護者の多様な現状に加えて、学校不信や学校の地位低下が背景にあるとするなら、われわれが困惑するような事態が生じることも不思議ではない。学校は常に新たな対応を迫られているわけである。しかし「子どもを育てる」という点では協同していけるのではないか。その点で効果をあげられるような確信をどれだけもてるか、保護者との教育相談ではそこが問われている気がする。

Column⑧

DVについて

　ドメスティック・バイオレンス（Domestic Violence: 以下DV）とは，文字通りなら「家庭内暴力」であるが，一般的には配偶者虐待であり，夫から妻に加えられるさまざまな形態の暴力についていわれる。恋人などの場合はデートDVといわれ，大学生や高校生にもみられるようになっている。DVの暴力には，①身体的暴力，②心理的暴力，③経済的暴力（生活費を渡さないなど），④社会的暴力（つきあいを制限する，外出をさせないなど）がある。その本質は力と支配，支配一服従の関係である。また，子どもを巻き込んだ暴力として，子どもに暴力を見せる，子どもを危険な目に遭わせる，子どもに暴力をふるうと母親を脅すなどがある。

　DVには，「開放期（ハネムーン期）」→「緊張形成期（張りつめた期間）」→「爆発期（暴力が起こる）」→「始めに戻る」，というサイクルがある（Walker, 1984）。暴力をふるった男性は怒りがおさまると謝り，二度としないと約束をする。その後しばらく「ハネムーン期」といわれるような，親密でやさしい関係が生まれる。女性側も暴力を偶発的なものと思って，「自分さえ気をつければ」「今度こそ」などの期待でこれまでの関係を続ける。しかしこのような期間は長く続かず，日常生活のなかで些細な出来事から緊張が高まり，何かのきっかけで男性の緊張を爆発させ暴力をふるうというサイクルがくり返される。その間に内容や程度もエスカレートし，間隔も短くなり，女性は恐怖に怯えながらこのくり返しのなかで無力感とあきらめで動けなくなる。被害者は，学習性無力感に陥り，問題解決ができなくなる。

　被害を受けた母親は，身体障害や暴力による精神的影響が子育てに影響したり，DVを受けている女性が自分の子どもを虐待することもある。

　また，DV環境下で育った子どもは，発達障害，学習困難，集中力の欠如，自殺傾向，アルコール薬物濫用，抑うつ，暴力への関与など，情緒・行動・発達面に問題が発生することがある。また，成人後，自分のパートナーや子どもに虐待する可能性が高くなる。

　DVを受けた人（や子ども）にしてはならない面接は，被害者を責めるような事柄すべてであり，これは他のトラウマなどの被害者と同じである。

第16章 学校における教育相談の実際

1　教師の行う相談活動とは

　不登校，いじめ，虐待，摂食障害，発達障害，リストカット，怠学，対教師暴力，学級崩壊…社会の変化とともに多様化・複雑化する子どもたちの問題行動にいかに適切に対応し援助していくか，現代の学校の抱える大きな課題である。学校における教育相談の充実がこれほどまで求められた時代はかつてなかったといってよい。スクールカウンセラーや心の相談員配置，スクールソーシャルワーカー配置，教育委員会による学校緊急支援チーム設置など非教師（外部専門家）による教育相談制度の充実が図られつつあり，教師の行う教育相談の内容や方法も徐々に変容しつつあるが，その基本は変わらない。

　小泉（1995）が，教育相談を「すべての教師による，すべての児童生徒を対象にした，どこにおいても行われる，人格的成長への援助活動」であると述べるように，教師の行う相談活動とは，相談担当教師など一部の特定の教師が，相談室で，問題を抱えた子どもたちだけを対象に行う治療的な援助活動のみをさすものではけっしてない。教師の行う教育相談活動とは，すべての教師が，あらゆる機会に，あらゆる場所で，あらゆる方法で，すべての子どもの全人的発達を図る営みであり（図16 - 1），問題行動を未然に防ぐ予防的援助活動，さらには，子どもたちの成長・発達を促進させる開発的援助活動も包摂する，より積極的な援助活動（育てるカウンセリング）である（図16 - 2）。

　教師は子どもたちにとって最も身近に存在する大人の1人であり，子どもたちの成長のようすや変化にいち早く気づくことができる存在である。また，子どもたちや保護者とも一定の人間関係をもっており，協働関係を築くことも，

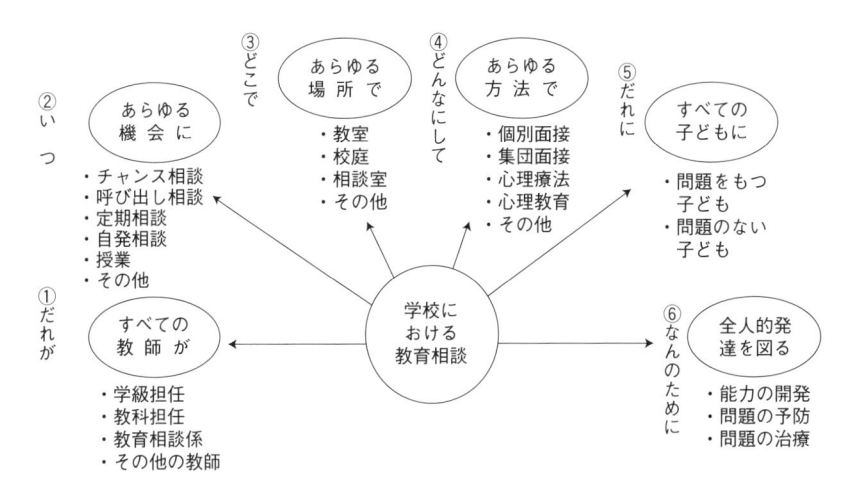

図16-1　学校における教育相談（愛媛県総合教育センター，2007を改変）

① だれが：すべての教師が
・学級担任
・教科担任
・教育相談係
・その他の教師

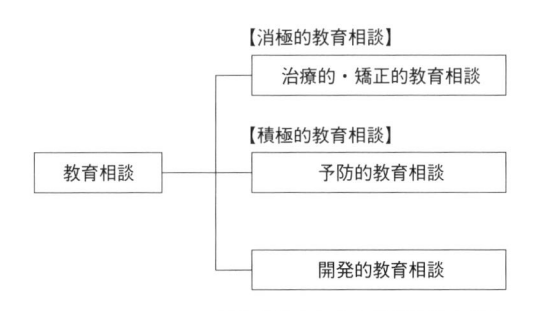

② いつ：あらゆる機会に
・チャンス相談
・呼び出し相談
・定期相談
・自発相談
・授業
・その他

③ どこで：あらゆる場所で
・教室
・校庭
・相談室
・その他

④ どんなにして：あらゆる方法で
・個別面接
・集団面接
・心理療法
・心理教育
・その他

⑤ だれに：すべての子どもに
・問題をもつ子ども
・問題のない子ども

⑥ なんのために：全人的発達を図る
・能力の開発
・問題の予防
・問題の治療

図16-2　積極的教育相談と消極的教育相談

教育相談
- 【消極的教育相談】治療的・矯正的教育相談
- 【積極的教育相談】予防的教育相談
- 開発的教育相談

介入することも比較的容易に可能な存在でもある。問題を早期に発見し迅速に対応する「フットワークのよさ」，個人相談だけでなく，道徳，特別活動，朝の会などの時間を使った集団へのはたらきかけなど「多面的・複合的な援助」，保護者，友人あるいはスクールカウンセラー，関係諸機関などの外部資源と密接に連携を行う「ネットワークの活用」など，教師にしかできない，教師だからできる相談活動がある。この点にこそ教師が行う相談活動の意義があるといっても過言ではあるまい。心理臨床家の真似事をすることが教育相談活動を行うことではけっしてないのである。

2　学級担任による教育相談

　学級担任教師ならばだれしも，クラスやホームルームの子どもたちが自分自身を大切し，相互に尊重し合い，助け合い協力し合いながら自己実現に向けて生き生きと活動するような学級経営をしたいと考えるはずであり，担任した子どもたちの実情に応じながら，そのための具体的な手立てを講ずる。この手立てこそが学級担任の行う教育相談そのものである。

1．信頼関係の構築

　教育活動を効果的に進めるためには，日常の学校生活をとおして，子どもと教師の間に好ましい人間関係を構築することが必要である。そのために教師は，休み時間に子どもと一緒に遊んだり，終わりの会が終わった後握手をして別れたりする。子どもと教師の信頼関係の有無が学級経営に大きく影響し，問題が発生したときの相談関係を取り結ぶ際の大きな力となる。

　保護者との信頼関係もまた重要である。子どもの抱える問題に，親が気づき，教師とともに連携協力し解決への協働関係にいたったときの改善・回復は早い。保護者との信頼関係は教師の相談活動を支える大きな資源である。そのためにも，学級だより，計画帳などを使って，学校での子どものようすをふだんから伝え，家庭訪問，学級懇談会，個別懇談などさまざまな機会を通じて，教師は保護者との信頼関係構築にも力を注ぐのである。

2．子ども理解（アセスメント）

　人間関係の構築はそのまま子ども理解にもつながるものである。子どもと会話したり，子どもの行動を観察することにより，子どもの感じ方や考え方，興味・関心，友達関係や家庭環境などさまざまな情報を収集することが可能となる。また，学級担任には学業成績，家庭環境，経済状況など多くの情報が集まってくる。これらの情報を蓄積していくことで，子ども理解を深めていくのである。

　一方，これらの理解が主観的理解にとどまらないよう，アンケート調査や標準化された検査を用いてより客観的な子ども理解を行うこともある。学校でよ

く用いられる検査，アセスメントの留意点は第9章参照のこと。

3．わかる楽しい授業の創造

　教師と子どものかかわりの大半は授業であり，授業こそが教師の第一義的仕事である。学校という場には良くも悪くも「わかる」「できる」ことが大きな価値として存在するわけで，子どもたちが「わかる」「できる」ようになることは，学校不適応の予防といった消極的な意味だけでなく，子どもたちの自尊感情（self-esteem）を高め主体的・意欲的な学校生活に導くといった積極的な意味をもつ。子どもたちがわかる喜び，できる喜びを体験することのできる授業を創造することは，教師にとってまず何よりも重要な相談的取り組みであるといえる。

　尾崎と西（1996）は，カウンセリング・マインドを生かす授業改善の基本姿勢として以下の4点をあげた。

　①自由でのびのび活動できる温かく受容的な雰囲気づくり
　②学習過程を大切にし，主体的に学ぶ力を培う
　③協力的な問題解決・課題追究体験を重視する
　④個の理解と対応の工夫を続ける

　けっして，教えることだけに性急にならず，一人ひとりの子どもを見つめ，自分たちで考える力が育つよう，友達どうし協力しあえるような学習展開を工夫し，クラスの全員がそれぞれに学びの喜びを感じるような授業づくりのため，教師は授業改善に努めるのである。一人ひとりの子どもを思いつつ，授業改善に取り組む過程こそ学級担任にとって重要な教育相談活動であると考えたい。

4．心理教育（psychoeducation）

　クラスの子どもたちの人間関係がしっくりとしない，孤立しがちな子どもがいる，小さなグループができて互いに排斥しあおうとする，人とかかわる技術が未熟であるために小さないさかいが頻繁に起こる…など，少子化・情報化などの社会の変化にともない，社会性をはじめとする子どもたちの発達のアンバランスさが顕著になってきている。学級という集団を預かる学級担任だからこそ気になり，みえてくるこれらの問題点が，いじめや不登校といった問題行動

に発展しないように（予防的相談活動），あるいは，より積極的に子どもたちのよりよい成長・発達を企図しながら（開発的相談活動），集団の力を活用しながら，学級集団にはたらきかける相談活動が近年さかんに行われるようになってきている。「積極的教育相談」とか「育てるカウンセリング」とよばれる援助活動である。

その最も代表的なものが「構成的グループ・エンカウンター（Structured Group Encounter: SGE）」である。SGEとは，國分康孝らによって提唱・実践されはじめたものであり，リーダーの指示のもと，あるねらいをもったエクササイズ（演習）を行うグループ・アプローチ（体験学習）である。エクササイズをとおして，他者や自己と出会う体験のなかで，自己の成長をうながすことをねらいとしている。集団を扱うという点で，学校教育との親和性が高く，またマニュアル化が進んだことで学校現場に急速に広まった。学校現場でよく行われているものには，他にソーシャルスキル・トレーニング（Social Skill Training: SST）やアサーション・トレーニング（Assertion Training）などもある（第3章参照）。学級担任の教師は，朝の会や終わりの会，特別活動，道徳，総合的な学習の時間などさまざまな時間を活用しながら，子どもたちのよりよい発達・成長をめざした取り組みを行っている。

5．問題を抱えた子どもへの援助

教育相談という言葉で真っ先にイメージするのが，問題を抱えた子ども（保護者）への治療的・矯正的援助活動であり，教育相談活動の核であることはまちがいない。学級担任教師は，子どものよりよい成長・発達のために少しでも問題を理解し，解決してやりたいと心から願うものである。

(1) 教師カウンセリングの形態

学級担任教師は，子どもにとって最も身近な存在の大人であり，しかも子ども（保護者）との間にはすでに関係が存在するため，相談関係を取り結ぶことは比較的容易である。子どもが自発的に相談に訪れる「自発相談」の場合もあれば，教師が気になる子どもを呼び出し相談活動を行う「呼び出し相談」もある。相談室での相談もあれば，運動場の片隅での相談もある。1対1の相談もあれば，1対多の相談もある。1時間という時間制限の相談もあれば昼休

みの5分間の相談もある。教師カウンセリングに決まった形態はないといってもよい。

(2) 教師カウンセリングの態度と技法

来談者中心カウンセリングの祖として有名なカール・ロジャース（Rogers, C. R.）は、カウンセラーとして必要な条件を3つあげた。①クライエントへの無条件の肯定的関心、②共感的理解、③自己一致の3点である。ロジャースは、カウンセラーがこのような態度を取り続けるとき、クライエントは自らの力で問題を解決し克服していくことができると述べた。非常にヒューマニスティックで楽観的ともいえる人間観をベースにしているが、教師カウンセリングも基本的には同じ人間観に立脚している。教育という営み自体、子どもの成長を信頼することから始まるものだからである。この人間観に基づきながら、カウンセリングを行って、子どもの悩みやつらさを共感的に傾聴し、子ども自身が主体的に問題解決にいたる過程を援助することは重要である。しかし、教師の相談活動はそこに尽きるものではない。先にも述べたが、教師の相談活動の特徴は、「フットワークのよさ」「多面的・複合的援助」「ネットワークの活用」にある。子どもの話を聞き、保護者に連絡し援助を依頼したり、関係する子どもたちに直接的にはたらきかけ子どもを取り巻く環境の調整を行ったりすることもできる。問題を抱えた目の前の子どもに対して、今必要だと思える最善の援助をさまざまな資源を用いて行うのが教師の行う相談活動の特徴なのである。

3 教師カウンセリングの限界

学校のなかで最も子どもの身近な存在であり、最も子どものことを知る学級担任教師が問題を抱えた子どもの相談相手となることは望ましいことである。しかし、最も身近な存在であること、最も子どものことを知る学級担任の相談の限界もまた存在することを忘れてはならない。子どもにとって身近で大切な存在であるがゆえに、また、学級担任教師も学級というグループ内部の一構成員であるため、子どもの抱える問題の一部に関与している場合もあり、相談で

表16-1 カウンセラーと教師の違い（近藤，1994より作成）

	カウンセラー	教　師
場	子どもの日常的な生活空間とは離れた密室的な場	学校というまさに日常的な生活空間
関係	1対1	1対集団
時間	週1回1時間という限定された時間	毎日，朝から夕方まで
出会い	多様な行動の背後に潜む，子どもの個人的な感情論理にひたすらに耳を傾け，まずそれを理解しようとする姿勢のなかで，子どもと出会う	単純にいえば「子どもに勉強を教える」というはたらきかけを主軸にして（言い換えれば，その文化と社会が求める人間的なあり方に向かって子どもを育て上げる役割のなかで）子どもと出会う
はたらきかけ	「現実原則」の介入の排除を意図した密室で，現実原則のなかで潰されかかった"狂気"（"逸脱的"な感情論理）の復権を図るはたらきかけ	学校という現実原則が支配する場そのもので，むしろ現実原則の内在化をめざしたはたらきかけを行う

きないという場合も存在する。つまり，子どもと教師，保護者と教師という関係には匿名性がないばかりでなく，利害関係や上下関係をもともなうのである。

　また，教師はあくまでも「教師」という役割を通じてしか子どもや保護者に出会うことはできないものである。近藤（1994）は，教師とカウンセラーの違いを表16-1のように述べた。教育という営みが，子どもと日常をともにしながら現実原則を学ばせる営みであるとするならば，そこには自ずと教師カウンセリングの限界があることを教師はしっかりと知っておく必要がある。限界を知ったうえで，相談活動を行わねばならない。教師だからできることがあり，教師だからできないことがある。けっして1人で抱え込まない，困ったときや自分の能力を越える事例のときは同僚・管理職に相談したり，専門家や専門機関からスーパーバイズ（supervise）を受けたりすることが重要である。リファー（refer）することもためらってはならない。

4　保健室と教育相談

　保健室に来室するのは，けがや急病といった身体の問題を抱えた子どもたち

だけではない。何らかの心の問題を抱えた子どもたちが,「何となくだるい」「疲れた」などと訴えて保健室に来室する。養護教諭は,そんな子どもたちにていねいに寄り添い,相談的にかかわるのである。保健室は,学校のなかのオアシスであり避難所の役割を果たしているといってもよい。

では,いったいなぜ保健室なのか。学校は基本的に「がんばる」ことに価値をおく場であり,教師の多くはつらくともしんどくとも「がんばれ！」と子どもを叱咤激励することが多い。この教育的なアプローチ自体はけっして否定されるべきものではないが,心に不安や悩みをもつ子どもたちにとっては,時にそれが大きなストレスやプレッシャーにもなることもある。子どもたちが「しんどい」「がんばれない」と弱音を吐くことができる安心できる場所,それが保健室なのである。

小玉（1994）は,保健室の魅力として以下の5点をあげている。①いろいろな人が出入りする場所で,心理的に抵抗なく入れる,②いつも同じ場所（保健室）で,同じ人（養護教諭）が待っていて,1対1で話ができる,③身体症状を訴えれば,真剣に話を聞いてくれる,④養護教諭は評価をしない（成績に関係ない）ので,正直に話しやすい,⑤手当てをとおして,自然なスキンシップがかなえられる。このように保健室は,学校のなかにある安心できる異空間であり,子どもたちは比較的気軽に保健室を訪れることができるのである。

心に不安やストレスがあると,まず身体に変調をきたすことがある。一種の生体防御反応であるともいえよう。「だるい」「頭痛がする」などといった子どもも,用もないのに頻繁に保健室に来室する子どもなどの背後には,親子関係や友人関係といった悩みが存在することが多い。養護教諭は,身体的訴えをチャンネルにしながら,その背後にある悩みや不安にていねいに寄り添うのである。不自然なけがからいじめや虐待を発見することがあれば,リストカットの跡を発見することもある。健康状態の変化から摂食障害や家庭生活の崩壊などを発見することもある。養護教諭は,子どもたちの抱える問題の第一発見者になることも多い。

養護教諭に話を聞いてもらうだけで,元気を取り戻し,再び教室に向かう子どもは多い。しかし,抱える問題が深刻なときや複雑なときは,相談担当教師,学級担任,保護者,場合によっては医療機関へも連絡をとり,解決に向けての

オーガナイザーとしての役割を果たすこともある。子育てに悩む保護者の相談相手になったり，教室には行けない子どもたちの保健室登校を支えたりという仕事もある。養護教諭の果たす役割と責任はますます重要になっている。

5　校内での連携・協働

　多くの学校では，生徒指導主事や教育相談係が中心となり，生徒指導部会（教育相談部会）などで問題を抱えた子どもの情報交換を行ったり，具体的な援助方法を相談しあったりしている。また，その子どもへの援助を行うための援助チームを結成する場合もある。学級担任だけでなく，生徒指導主事，学年主任，クラブ顧問，養護教諭，教科担当教師など学校内のさまざまな教師たちが，連携しあい，協働しあうことによって，問題を抱えた子どものために多角的な援助を行うことが可能となるのである。

　スクールカウンセラー，心の相談員，スクールソーシャルワーカーなども学校内部に入るようになってきているので，これら専門家との有効な連携・協働を図ることも重要である。

　石隈と田村（2003）は，援助チームシートと援助資源チェックシートを提唱している。援助チームの活動を円滑に行うための方法として有効な方法であろう。

　しかし，実際にこの連携・協働体制を構築することは非常にむずかしい。渕上（1995）は，教師集団が構成するシステムを「疎結合システム」とよび，「お互いに働きかければそれに応えるが，通常は個々の独自性と分離性が保たれている」と述べた。また，高橋（2000）は「相互不干渉＝自己責任」の職場とよんだ。教師はそれぞれの独自性を尊重しあい，余程のことがない限り干渉しあうことがないのである。そんな職場のなかで，教師は他者に対して援助を求めることを極力拒む特性を身につけてしまっており，同僚に援助を求めることなく，最後まで自分1人で抱え込もうとする傾向があるからである。この抱え込みが教師のバーンアウトの一要因になっている。困ったときに相互に助け合えるような教職員間の「同僚性」を構築していくことが重要である。

平成20年度の文部科学省の発表では，教師の精神的疾患による休職者が5,000人を超えたことが報告された。いわゆるモンスターペアレントとよばれる保護者の増加が教師のメンタルヘルスを悪化させているとの指摘もある。社会の変化にともない，教育という営為がますますむずかしくなっていく現状のなかで，教師のメンタルヘルスの維持，バーンアウトを予防するシステムづくりは十分に整備されているとは残念ながら言いがたい。教師のメンタルヘルスについては第18章で詳しく述べる。

第17章 関係機関との連携・協働

　家庭崩壊・精神疾患・発達障害などさまざまな背景をもった子どもの問題に対しては，学校だけで解決したり，適切な対応をしたりすることが困難な事例が多くなってきている。このような場合，関係諸機関と密接に連携を取り合って対応することが必要である。学校・教師は自らの役割とその限界を知ったうえで，子どもたちのよりよい成長・発達に必要と判断したならば，ためらうことなく関係諸機関を活用しなければならない。

1 学校が連携する諸機関

1．ネットワークの構築

　学校が連携する諸機関には以下のようなものが考えられる（表17-1）。子どもの抱える問題は多種多様である。問題を抱えた子どもにとって，有意義な援助を行うためには，領域を越えて連携を図ることが重要である。学校・教師は日頃より，これら関係諸機関と連絡を取り合い，いざというときに連携しあうことができるように努めなければならない。学校がどのようなネットワークを構築しているかが，適切な援助ができるかどうかの分かれ道でもある。

2．学校を支援する体制の強化

　さまざまな悩みをもつ子どもたちへのきめ細かな対応をするために，また，学校に対する過剰な要求や過大な期待に押し潰されつつある教師や学校を支援するために，文部科学省は，多様な専門家を学校に派遣し，学校の相談体制の

表17-1　学校が連携，協働する諸機関

【教育関係】
　教育委員会，教育センター，教育研究所，大学，適応指導教室，特別支援教育学校
【福祉関係】
　児童相談所，福祉事務所，児童自立支援施設，児童養護施設，主任児童委員，民生児童委員，発達障害者支援センター
【保健・医療関係】
　保健所，保健センター，精神保健福祉センター，病院等医療施設
【警察関係】
　警察署，少年サポートセンター，少年警察ボランティア
【矯正・更生保護関係】
　保護司，保護観察所，少年鑑別所
【その他】
　家庭裁判所，弁護士会，青少年育成団体，NPO，ボランティア団体

強化に取り組みつつある。スクールカウンセラー，スクールソーシャルワーカー，学校緊急支援サポートチームなどである。

(1) スクールカウンセラー

　平成7年度に配置が始まったスクールカウンセラー（school counselor）は，現在では公立中学校（3学級以上）のほぼすべてに配置されている。勤務時間は，1校当たり，週8時間～12時間の非常勤職員であり，主に臨床心理士，精神科医，大学の教員など臨床心理の専門家がこれにあたっている。スクールカウンセラーの職務は，「①児童生徒へのカウンセリング，②カウンセリング等に関する教職員および保護者に対する助言・援助，③児童生徒のカウンセリング等に関する情報収集・提供，④その他の児童生徒のカウンセリング等に関し，各学校において適当と認められるもの」（氏原・村山，1988）である。

(2) スクールソーシャルワーカー

　いじめ，不登校，虐待などの子どもの深刻な問題には家庭環境が影響していることが多い。これらの問題の解決にあたり，学校を拠点として，社会福祉の立場から関係諸機関との連携を図りながら援助を行うのが，スクールソーシャルワーカー（school social worker: SSW）である。文部科学省が平成20年度より「スクールソーシャルワーカー活用事業」として実施しているものであるが，自治体によってはすでに配置されているところも多い。スクールソーシャルワーカーには，主に社会福祉士や精神保健福祉士があたる。

(3) 学校緊急支援チーム

　学校だけでは対応しきれない緊急かつ深刻な問題に対して，各地の教育委員会を中心とする緊急支援チームが整備されつつある。校長の要請のもと，問題に応じてどのような支援が必要か判断し，適切な関係機関などのなかからメンバーを選定し，サポートチームを編成し，適切な役割分担を行いながら問題に対応するシステムである。チームの構成メンバーはさまざまだが，精神科医，警察OB，弁護士，臨床心理士，大学教授，児童相談所員，保護司などがこれにあたる。

2　スクールカウンセラーとの連携・協働

1．スクールカウンセラーの学校現場への導入

　学校組織の特徴は，ほぼ「教師」という同一職種で構成されている点にある。そこには，共通の価値観や理念が通底しており，学校独自の文化や風土・匂いが醸成される。価値観を一にする組織は，大きな力を発揮する一方で，偏狭さや柔軟性に欠ける脆弱さを併せ持つ。うまくいっているときはいいが，危機に陥ったときに対応の方策を見出せなくなってしまうという弱点をもっている。

　スクールカウンセラーは，教師とは考え方を異にする「外部」の専門家である。違う感じ方や考え方，アプローチの仕方をする「外部者」が，単一の価値観をもつ学校組織のなかに入ってきた意義は大きい。文部科学省が，教師以外の人材を学校のスタッフとして位置づけたことは，学校という組織の強化という点において，歴史的にも大きな意義をもつものといえよう。

2．スクールカウンセラーと教師との関係

　筆者は2007年に，公立小中学校教師にアンケート調査を，スクールカウンセラーに聞き取り調査（本田，2008）を実施した。その結果，教師の多くがスクールカウンセラーに対して好意的な印象，高い期待を抱いていることが明らかになった一方で，スクールカウンセラー制度が問題なく有効に機能しているか

表17-2　教師とスクールカウンセラーのスクールカウンセラー制度観

教師	スクールカウンセラー
・SCは常勤することが必要である ・SCの資質向上が必要である ・教師・学校の意識を改善する必要がある ・SCと教師との人間関係を構築することが必要である ・SCは学校の現状をふまえた，現状に適した活動をすることが必要である	・教師・学校のSCへの無理解や反発がある ・勤務時間の不足，学校内での不安定な地位が問題である ・教師とSCとをつなぐコーディネーターが必要である ・スクールカウンセリングを学ぶ仕組みづくりが必要である

という点においては，疑義を感じさせる結果が明らかになった（表17-2参照）。

　教師とスクールカウンセラー双方が，現行のスクールカウンセラー制度に問題を感じ，制度の改善を望んでいる。異なる価値観をもつ教師とスクールカウンセラーとの間には相互に反発や抵抗があり，連携・協働は必ずしも良好とは言いがたいのが現状である。

3．効果的な連携・協働のために

　横湯（1997）が述べるように，スクールカウンセリングは，「教育と心理臨床という二つの領域の境界域」にある新しい領域である。スクールカウンセラーの多くは心理臨床や医療臨床出身者であり，残念ながら，スクールカウンセリングを専門とするスクールカウンセラーの数は多くはない。また，スクールカウンセリングの理論や実践の体系が確立されているともいえない。

　心理臨床のノウハウをそのままのかたちで学校現場に持ち込むことが両者の抵抗や反発を招くことは容易に想像できる。教師とスクールカウンセラーとは，手を携えながら，新しい領域であるスクールカウンセリングの理論や実践体系をつくりあげていく気概をもたねばならない。スクールカウンセラーには学校や教師，そして教育という営為について理解する努力が必要であるし，一方，学校や教師にも心理臨床について理解する努力が必要である。最も大切なことは，教師とスクールカウンセラーが相互理解のために「対話」を続けることである。けっして，スクールカウンセラーを学校内のミニクリニックにしてはならない。

　以下，スクールカウンセラーと教師とが連携・協働するために必要な具体的

取り組みをあげることとする。

(1) スクールカウンセラーの組織への位置づけ

　スクールカウンセラーは，生徒指導部，教育相談部，学校保健部などに位置づけられることが多い。一人職であるスクールカウンセラーの活動を支えるためには，校務分掌にきちんと位置づけることが重要である。それらの部会に参加できるよう，また必要に応じて，職員会や学年会などへの参加ができるようにし，多くの教師とかかわりをもてる環境を整備したいものである。スクールカウンセラーはそのなかで，学校組織や意思決定の仕組みなどを学び学校理解を深めることができる。できれば，職員室に机を確保したり，学期終わりの反省会などへの案内もしたいものである。

(2) 校内研修会やケーススタディ

　校内研修会でスクールカウンセラーを講師として活用することも有効である。スクールカウンセラーの話を聞くことで，教師は心理臨床の考え方やアプローチの仕方への理解を深める。また，ケーススタディ（事例研究）を行い，教師とスクールカウンセラーの考え方をすりあわせていくことは，スクールカウンセラー，教師の相互理解，共通理解を進めるうえで効果的な方法である。

3　コンサルテーションからコラボレーションへ

　教育界において，これまでもさまざまな専門機関などとの協力や連携が叫ばれてきており（文部科学省，1998），関係諸機関との協力関係は少しずつ進展をみせているが，連携・協働の仕組みや方法については，さらに検討され充実させることが望まれる。関係機関（専門家）と学校・教師との協力関係にはいくつかの位相がある。ここでは，「委託」「コンサルテーション（consultation）」「コラボレーション（collaboration）」の3つに分けて考えることとしたい。

1．委託

　「委託」とは，言葉のとおり，委ね託してしまうことであり，教師に手に負えなくなった子どもを専門機関に預けてしまい，教師はその場から手を引いて

しまう状況をさす。警察や児童相談所への委託が一般的であり，教育という現場にそぐわない事例に関しては有効な協力関係であるともいえる。しかし，このような事例は教師とスクールカウンセラーとの間でも起こり得る。問題を抱えた子どもをスクールカウンセラーに委託してしまい，教師が手を引いてしまう事例がある。委託後，教師は子どもにかかわることはなく，教師としての専門性の向上も期待できない。子どもの成長・発達の専門家である教師としては，望ましい協力関係とは言いがたい（図17-1）。

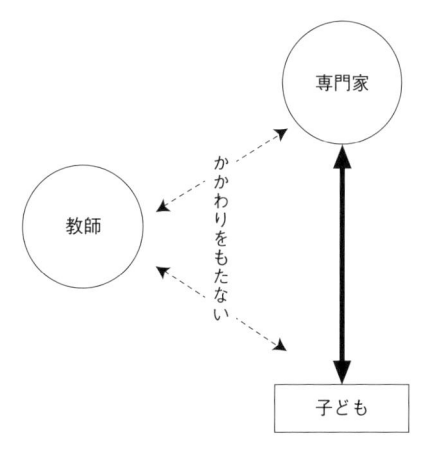

図17-1　委託の協力関係

2．コンサルテーション

「コンサルテーション」とは，「特定の専門職が職業上の必要性から，他の専門性をもつ専門職に相談すること」（鵜飼，1995）である。教師が抱えている問題を解決するために，専門機関（専門家）に相談をし，自らの専門性を高める関係ととらえることができよう。教師自らの専門性を向上させる意思が明確な積極的な協力関係ととらえることもできる。しかし，この関係には一般にコンサルタント（consultant）とコンサルティ（consultie）という援助－被援助関係，上下関係が存在する。この援助－被援助関係，上下関係が時として，教師と専門家との間に反発や抵抗を招く要因となっている。

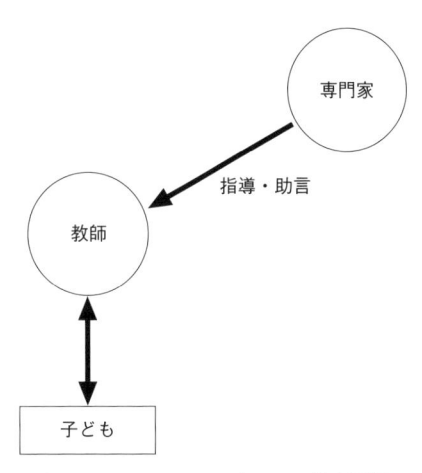

図17-2　コンサルテーションの協力関係

3．コラボレーション

「コラボレーション」とは，協同して働くという意味であり，一般には「協働」と訳されることが多い。共通の目標に対して，それぞれの専門領域の壁を乗り越えて，対等な関係で専門的知識や技能を提供しあい，問題を解決していこうとする関係をさす。したがって，コンサルテーションを発展させた，より積極的・創造的な真の協力関係ということができる。学校と関係諸機関との連携のあり方を「委託」「コンサルテーション」の地平から，一歩進んだ「コラボレーション」へ進めることが，学校教育の現場に求められていると考えられる。

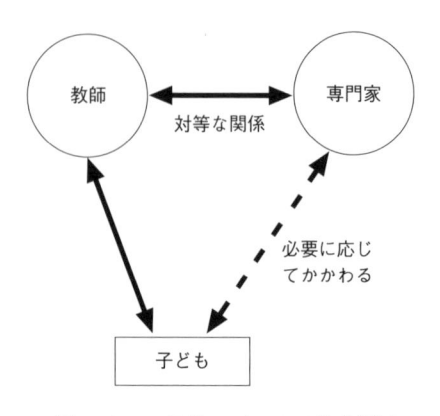

図17-3　コラボレーションの協力関係

4．コラボレーションを成立させるために

亀口（2002）は，コラボレーションを真に成功させるためには，反省的専門家・実践家として，自らの行為を反省的にとらえる姿勢や態度を身につける必要性を強調している。自分の認知パターンや行動パターンに固執しないで，相手の立場を理解し尊重しあう関係のなかで，これまでとは違った新しいストラテジーを獲得することができるのである。もし，自分の立場にのみ固執するならば，互いに相手に対して行動規範の変革を迫り，場合によっては深刻な対立感情を引き起こすとも述べている。

ヘイズら（2002）が述べるコラボレーションの主要原則を参考に，教師と専門家とがコラボレーションする際に必要な要件をあげることとする。

①相互性

常に，専門家が援助者，教師が被援助者というタテの関係では，コラボレーションはうまく進まない。専門家も教師も互いに恩恵を蒙る互恵的・相補的関係，言い換えるならば，両者のもつ「臨床の知」の交流をとおして互いの専門性の向上が図れる関係がコラボレーション成立の1つの要件である。

②目標の共有

異なる専門性をもつ専門家と教師が，同じ目標を共有することが必要である。学校臨床現場における共通の目標は「子どものよりよい発達・成長」であるが，これを達成することは実は容易なことではない。「子どものよりよい発達・成長」の描く到達点は，それぞれの専門領域によって大きく異なることがあるからである。

③リソースの共有

リソース（resource）とは一般的に「資源」と訳される。教師は，教師がもっている情報や技術・援助者を専門家にオープンにし，専門家は専門家としてもっている情報や技術・援助者をオープンにしあうこと，けっして独占物にせず互いにそれらを活用できるようにすることで，新しいストラテジー（戦略）も生起してくるのである。

④対話

教師と専門家は，認知スタイルも行動スタイルも異なる。この両者が理解しあい協働するためには，絶えず「対話」を重ねることが重要である。対話なしにコラボレーションは成立し得ない。互いに相手は「なぜそう考えるのか」という気持ちを持ち続け，我慢強く対話を続けることで相互理解・共通理解を進め，目標・リソースを共有しあい，協力しあうことによって，子どもにとってよりよい援助を行うことが可能となるのである。

4　家庭・地域社会・学校の連携

子どもたちの健全育成には，家庭・地域社会・学校が連携することが不可欠である。近年は，図書館ボランティア，読み聞かせボランティア，学習ボランティア，登下校見守りボランティアなどPTAや地域社会が積極的に学校支援に取り組む傾向もみられるようになってきている。この3者の連携・協力をいっそう促進させることが重要であるが，現段階では学校がその鍵を握っているといえる。学校の姿勢はますます重要になってきているといってよいだろう。

家庭教育力・社会教育力の低下が著しいと指摘されて久しいが，それを嘆い

てもしかたない。学校が家庭教育力や社会教育力の低下をうながした要因の1つであることを自覚しつつ、いかにして家庭や地域社会と学校が役割分担しつつ、それぞれの機能を果たしていくかを考える必要がある。そのためには、家庭・地域社会と学校との間に確かな信頼関係を構築することが必要である。

　信頼関係を構築し、連携・協働するために今学校がなすべきことは、学校の抱える問題や子どもの状況などを隠すことなく率直に保護者やPTA、地域社会に開示し、意見を交換しあうことである。これまで学校は、何もかも学校内で完結させてしまおうとする傾向が強く、学校の情報をオープンにすることをためらいがちであった。保護者や地域社会を信頼し、学校が抱える問題点をオープンにしていくことで、保護者やPTA、地域社会は「学校ができること、できないこと」を知るとともに、「家庭や地域社会ができること、やらねばならないこと」など自らの役割や機能に目覚めていくのである。PTA総会、個人面談、学校評議員会、公民館活動などあらゆる機会を活用することが大切である。

5　連携・協働のキーマンとしての教育相談係

1．コーディネーターとしての教育相談係

　日本学校教育相談学会（2006）は、教育相談係の役割を表17-3のようにまとめている。教職員、スクールカウンセラー、関係諸機関、地域や家庭などとの連絡調整を図り、子どもにとってよりよい援助が行えるようにコーディネートすることが求められている。連携・協働が有効に機能するためには、コーディネーターがいかに機能するかにかかっている。

2．連携・協働のプロセス

　八並（2004）は、チーム援助のプロセスを図17-4のように整理している。
　連携・協働しチームで援助にあたる際には、まず、援助にあたり校内資源だけで可能か、校外資源との連携・協働が必要かをアセスメントすることを行う。校外資源が必要だと判断した場合には、関係諸機関への連絡をし、チームの編

第17章 ●●● 関係機関との連携・協働

表17-3　相談担当者の役割（日本学校教育相談学会，2006）

①プロモーター
　年間計画の立案・推進など，学校教育相談が組織的・計画的に行われるようにリーダーシップを発揮する
②カウンセラー
　児童生徒・保護者および希望する教職員に対してカウンセリングを行う
③コンサルタント
　児童生徒理解・児童生徒へのかかわり方など，学校教育相談に関する研修を積み，相談担当者の立場で教職員の支援にあたる
④コーディネーター
　学校運営のなかで学校教育相談が組織的・協力的に進められるように，管理職・各部・各学年・関係教師・保護者・関係機関などと連絡調整を図り，連携を密にする
⑤マネージャー
　教育相談に関する資料・情報の収集および提供など，教職員・児童生徒・保護者へのサービスに努める

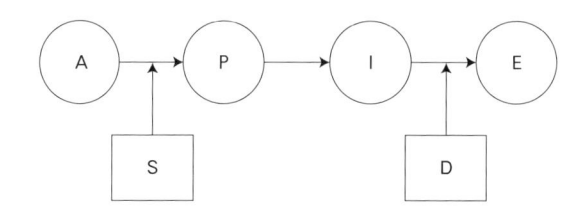

A → P → I → E
　　↑　　　　↑
　　S　　　　D

A－Assessment：アセスメント
P－Planning：個別の援助計画
I－Implementation：チーム援助実践
E－Evaluation：チーム援助評価
S－Sheet：チーム援助シート
D－Database：チーム援助データベース

図17-4　チーム援助のプロセス（八並，2004）

成を行い，援助の方向性や方針を決め，それぞれの役割分担を行う。そして，具体的な援助活動を行い，評価を行うといったプロセスを経る。

　援助チームをまとめ，調整していくコーディネーターが教育相談係である。

3．コーディネーターに要求される資質

　援助チームのコーディネーションを行うために，教育相談係には以下のような資質が求められる。

①教育相談に関する知識や技能

　カウンセリングをはじめとする教育相談の知識や技能はもちろんのこと，非行など反社会的問題行動への対応や発達・特別支援教育に関する知識や対応についての知識は今後ますます必要とされる。

②関係諸機関に関する知識と協力関係

　連携・協働を行う関係諸機関，専門家それぞれの特徴を知っておくこと，また連携するための手続きを知っておくことが重要である。また，必要なときに依頼できるようそれらの機関と密接な関係を維持しておくことも必要である。

③援助チームからの信頼

　コーディネーターにはまず援助チームをまとめる調整力やリーダーシップが求められる。この根底には，援助チームからの信頼が不可欠である。信頼は一朝一夕に獲得し得るものではない。日常の地道な誠実な相談活動の積み重ねが人間関係をつくり，信頼関係を生み出すのである。この誠実さこそがコーディネーターにとって最も重要な資質であると考える。

4．コーディネーターの育成

　連携・協働，チームでの援助の重要性に異論はあるまい。しかし，学校現場での実践は思うほどには進んでいない。さまざまな原因があげられるが，その原因の1つには，コーディネーター（教育相談係）の育成がなされていないことがあげられる。学校現場では生徒指導主事，学年主任，養護教諭などがそれぞれの場合によってコーディネーターの役割を果たすことが多い。よりよい支援・援助を行うためには，コーディネーターの育成は欠かせない。教育相談係の校務分掌への位置づけの明確化など，意図的にコーディネーターを育成していくシステムが求められている。

第18章 教師のメンタルヘルス

　メンタルヘルスとは,「心の健康」とか,「精神保健」と訳されている。狭義には精神疾患を治療する精神衛生の意味であるが,広義には心の病気を予防しながら生きがいのある人生を送ることである（中島, 2006）といえよう。

　学校や教師をとりまく状況は,学力問題,いじめ,不登校や非行問題,多様化する保護者との関係,社会からの監視的ともいえる注目,変転する教育政策などでますます厳しいものとなっている。こうした危機的ともいえる状況は,教師の心身の状態にも深刻な影響を及ぼしてきている。

　平成20年度の文部科学省の「教育職員に係る懲戒処分等の状況について」によると,在職者数915,945人に対して病気休職者数が8,578人,うち精神疾患による休職者数が5,400人であり,ともに過去10年間で最多である。精神疾患による休職者が病気休職者の63.0％を占める状況である（しかも教職員数が徐々に減少しているにもかかわらずである）。

　このような状況のなかで,教師のメンタルヘルスの必要性は年々高まりつつある。教師の心の健康は教師個人の問題にとどまらず,生徒の人格形成に多大な影響を与える点でも,看過できない問題である。教師のメンタルヘルスについては,職業の特殊性,教師の個人的要因や職場環境要因について,ストレスやバーンアウトとのからみで論じられてきた。ここではそれらについて簡単に概括し,教師のメンタルヘルスについて考えてみたい。

1　教師という仕事

　前述の状況に加えて,教師という仕事についてみておこう。教師のような対

人援助の仕事は，成果が見えにくく，結果がすぐに出るとは限らない。評価するといっても，数量化しにくく，評価の基準も不明確にならざるを得ない。それでも教師評価は進められている。また，教師の仕事は子どもの育成に関するものであるだけに，「これで十分」という基準がなく，どこまでやってもキリがない。それでいて，学級という「集団への対応を持続的に迫られる」（新井，2007）わけであり，困難度が相当に高い。しかも生徒や保護者との人間関係がこじれると修復するのがむずかしいところもある。また中島（2001）は，教師は児童生徒，その背後の保護者，地域住民などから常に注目されているという重層的な構造にさらされており，そういうなかで教師たちは周囲の期待に添おうとしたり，こうあるべきという自己規制で自分を縛ったりしがちで，几帳面で責任感のある先生ほど要注意であるという状況も生まれているとしている。

また佐藤（1994）は，教師の仕事に内在するものとしての，「再帰性」（教育行為の責任や評価が生徒や親から絶えず返ってくる），「不確実性」（教える対象が変われば同じ態度や技術で対応しても成果が異なってくる），「無境界性」（仕事の範囲や責任が際限なく拡張する）の観点から，教職は他の職種とは違った問題に直面しやすいと述べている。

これらをみれば，教師という仕事は多くのストレッサーに取り囲まれている仕事であるといえる。

2　バーンアウト（燃え尽き）症候群の問題

　バーンアウトとは，労働者が突然意欲を喪失する現象であるが，マスラッチとジャクソン（Maslach & Jackson, 1981）は対人援助職のバーンアウトを強調し，対人援助の過程で神経を使う課題に常にさらされた結果，極度の心身の疲労と感情の枯渇をきたす状態とした。すなわちバーンアウトとは，長期間にわたり人を援助する過程で，心身ともに消耗しつくした結果，無気力・無感動となってしまった状態である。このバーンアウトは，①人間を相手にした専門的な仕事についており，業務の目標が数字で表しにくく，ここまでやればそれでよしとはできないこと，②精力的に取り組んだにもかかわらず，自分が期待

したほどの成果をあげられなかった，あるいは周囲から十分な評価を得られなかったという挫折体験を受けること，この2つの条件が重なって生じる（中島，2001）といわれる。

　生理的刺激（飢えや渇きなど），物理化学的刺激（寒暖，明暗など）なら，環境を変えるなどの適切な対応をすれば問題解決できる。しかし人間関係に関しては，そうもいかない。しかもストレス問題の中心は人間関係に起因する（久保田，2008）といわれている。学校現場は人間関係がすべてといえる職場であり，常にストレスにさらされている職場である。かつてILO（国際労働機関）は，教師の仕事は戦場なみのストレスにさらされていると指摘した。教師はバーンアウトに陥りやすい職業である。

3　教師とストレス

　ストレスとは，外部刺激に応じて体内に生じたゆがみである。このゆがみがストレス，有害刺激がストレッサーである。現代では，ストレスという場合，ストレッサーも含めて使われる場合もある（石川，1990）。人間は，ストレッサーに対処行動をとりながら健康を維持しているのであるが，ストレッサーが強すぎたり，ストレッサーが長く続いたり重なったりして，それが個人の対処能力を超えた場合に心身の変調が生じる（永田，1990）といわれる。

　教師という職業の特殊性以外にも，教師と関係するストレス問題は多い。たとえば，①女性教師は男性教師よりもストレスが高いなど，性役割と学校のあり方がストレスとの関係に影響を及ぼしている，②大きな危機に直面するのは採用後10年までの割合が高い，③バーンアウトしやすい性格特性がある（ひたむきで自己関与の高い人，完璧主義，理想主義，タイプA特性の人など），④同僚に相談するのは頼っているとみられるといった，教師のイラショナルビリーフが関係している，といったものがある。また，①多忙である，②自分の教育活動に対する適切な評価が少ないことや他者からの支持が少ないことが，教師の自信低下につながりメンタルヘルスの悪化をもたらすことなどの環境要因が指摘されている（田上ら，2004）。

では教師は具体的にどのようなストレスに直面するのであろうか。新井（2007）が，大学院の現職派遣教員99人を対象にストレッサーを調査したところ，①手に負えない児童に振り回される（37人），②職員間の共通理解や協力が得られずに孤立（20人），③管理職との軋轢（12人），④保護者との人間関係（11人），⑤同僚とのトラブルやいじめ（9人），⑥多忙（8人），⑦異質性の高い学校への転勤（7人），新任時の理想と現実の落差（6人），部活動における生徒・保護者との軋轢（6人），望まない，または予期しない校務分掌（4人）といった結果であった。また，精神科医の中島（2000，2006）が新規受診した外来現職教職員を対象としたストレッサー調査でも，1位が生徒指導（36%），2位が管理職・同僚との人間関係（28%）であった。つまり教師のストレッサーの7割近くが人間関係によるものである。学校は人間関係がすべてともいえる職場であるから，ストレスフルな場所なのである。ただし塚本（2005）によると，教員間の人間関係はストレスを軽減させる要素にも増加させる要素にもなり，人間関係の良好な者どうしで取り組めば困難な仕事でもストレスは生じないが，人間関係に軋轢を抱えていれば簡単な仕事でもストレスは増大するという。職場でのよい人間関係の構築が重要な課題であろう。

4　教師自身が考えるメンタルヘルス

メンタルヘルスを確保するためには，人間関係の問題への効果的な対処能力を高める必要がある。人間関係は自分の性格や物事の考え方と密接に関係する。新井（2008）は，教師には心の柔らかさが求められるが，その際の具体的心構えとして，①物事を楽しめる，しなやかな心をもつこと，②いろいろなタイプの仲間の存在を相互に認め尊重すること，③人を支え，人に支えられることを厭わないおおらかさをもつこと，が望まれるとしている。そういったことを自覚的に見据えて人間関係を高める努力をしていくと効果が上がると思われる。

ストレスへの対処行動（coping）の1つに，「問題中心の対処」がある。具体的には，①次にすることに注意を集中する，②行動計画を立てる，③物事を客観的にみる，④人に助言を求める，などである。もう1つは「情動中心の

対処」で，情動をコントロールする方法である。これには，①気をまぎらすためにほかのことをする，②そのことを考えないようにする，③気分転換をする，④考え方を変えるなどがある（大貫・佐々木，1998）。

ストレッサーの影響を受けやすい教師には，几帳面で責任感ある仕事熱心な人が多い。うつ病になりやすい人とも通じるところがある。何事にも正面から全力でぶつかっていくのでは心身ともに疲労する。人間関係においても，適当に受け流す柔軟さがほしい。

そのためには認知療法を参考にして認知のゆがみを修正するトレーニングをしてみることも一法で，また，リラクセーションなどのメンタルトレーニングも効果がある。自律訓練法や漸進的筋弛緩法などもお勧めである。

また，自分の思いやグチをはばかりなく言える相手をもつこと，困ったときに相談できる上司や先輩をもつことは大切である。同僚のサポートによって問題を解決・解消したり，援助や協力を求めたりすることで事態が改善することは多い。カウンセラーもバーンアウトしやすいが，そのために相談できる人をもっておけといわれる（カウンセリングの大家，カール・ロジャーズも同僚にカウンセリングをしてもらったことがある）。勇気を出してだれかに相談してみてほしい。人間関係力をつけるには，いろいろな研修会に積極的に参加して対人関係トレーニングを体験することにより，自身のコミュニケーション能力の向上につなげていく取り組みも勧めたい。

5　学校におけるメンタルヘルス

学校という組織での対応としては，ストレッサーが個人で対応できる限界を越えるほどの負荷とならないように職場環境を整えることが基本であろう。具体的には，①良好な人間関係の育成，②仕事に関連するストレスの除去，③お互いに相談し合える雰囲気づくりがあげられる（岡山県教育センター，2007）。お互いの人格と専門性を尊重しあい，困ったときには支援しあえる職場環境づくりを期待したい。

しかし現状としては，和気あいあいとした職場の雰囲気が学校から消えつつ

ある。そういう状況での学校の取り組みとして，職場研修等の取り組みを意図的に組み込んでいくことも必要である。また，保健室や校医とも連携して，ストレスについてよく知ってもらう啓蒙活動を進めることも必要であろう。同じ職場（客観的ストレスはほぼ同じとして）でも，バーンアウトする人としない人との差がある。その点についてよく理解してもらうことが大切である。そして，ストレスをためない工夫，ストレスコントロール，たまったストレスとのつきあい方（栗野，1995）など，自分でストレスに対処する力をつけてもらう工夫を広げたい。

6　おわりに

　人間には弱い側面がある。時にはストレスを抱えて悩むこともある。職場でそれらを支え合っていくことは大切なことである。しかし同時に，常日頃から自分で自分の弱点に対処していくことが望まれる。ストレス耐性が弱い人でも地道に自己トレーニングを続けていけば，多少のストレスには耐えられるようになるものである。まず教師一人ひとりが自分で自分を癒す方法を身につけ，自分の生活と仕事を楽しんでほしい。メンタルヘルスとは，たんに病気にならないことではなく，人間が健康で快適に過ごすところに本義があると思う。それが生徒との対応に活きてくる。

引用参考文献

■第1章

Bateson,G. 1999 *Steps to an ecology of mind*. University of Chicago Press. 佐藤良明（訳） 2000 精神の生態学 新思索社
林　延哉　2000　戦後日本におけるロジャーズ理論―学校教育を中心に　日本社会臨床学会（編）　カウンセリング・幻想と現実　上巻　現代書館
河合隼雄　1976　母性社会日本の病理　中央公論社
河合隼雄　1984　日本人とアイデンティティ　創元社
北島貞一　1988　児童の心に迫る学校教育相談　下学年　明示図書
國分康孝　1987　学校カウンセリングの基本問題　誠信書房
近藤邦夫　1997　クライエント中心療法と教育臨床　こころの科学, No74.
栗原慎二　2002　新しい学校教育相談の在り方と進め方―教育相談係の役割と活動　ほんの森出版
教師養成研究会　2003　教育原理八訂版　教育の目的・方法・制度　学芸図書
文部科学省　2010　生徒指導提要　教育図書
文部省　1988　生活体験や人間関係を豊かなものにする生徒指導　大蔵省印刷局
文部省　1990　生徒指導資料第21集・生徒指導研究資料第15集　学校における教育相談の考え方・進め方―中学校・高等学校編　大蔵省印刷局
村瀬嘉代子　1990　心理臨床の実践―つなぐこと，支えること，さまざまな工夫，共に育つ　誠信書房
中山　巖　2001　学校教育相談心理学　北大路書房
日本学校教育相談学会　2006　学校教育相談学ハンドブック　ほんの森出版
大野精一　1997　学校教育相談理論化の試み　ほんの森出版
崎尾英子　2001　こころを聞く―カウンセリング入門　大修館書店
佐藤悦子　1986　家庭内コミュニケーション　勁草書房
関　峋一・松浦　宏・古市裕一・中西信男（編著）　1997　教育心理学の理論と実践　日本文化科学社

■第2章

阿部　裕・大西　守・篠木　満・中村伸一（編）　1997　精神療法マニュアル　朝倉書店
保坂　亨　1993　カウンセリングマインド　奥田真丈・河野重男（監修）　現代学校教育大事典第1巻　ぎょうせい
堀毛裕子　1993　カウンセリング・マインド　寺田　晃・佐藤　怜（監修）　新教育心理学体系4　学校カウンセリング　中央法規出版
今井五郎　1986　学校教育相談の実際　学事出版
神保信一　1987　学校教育とカウンセリング・マインド　教育心理, 35(7).
門田光司　1996　不登校・いじめの教育臨床　高木俊一郎（編）　教育臨床序説　金子書房
菅野　純　1994　生徒指導とカウンセリング・マインド　坂野雄二・宮川充司・大野木裕明（編）　生徒指導と学校カウンセリング　ナカニシヤ出版
小泉英二　1993　学校教育相談・初級講座　生徒指導と教育相談　学事出版
牧昌二　1986　カウンセリング・マインドについて　全国教育研究所連盟（編）　教師の悩みにこたえる学校教育相談　東洋館出版社
松原達哉　1998　学校で行うカウンセリングのいろいろ―学校カウンセリングの援助と指導の基礎基本　学事出版
Means, D. & Thorne, B.　1988　*Person-Centred Counselling in Action*. Sage Publications. 伊藤義美（訳）　2000　パーソンセンタード・カウンセリング　ナカニシヤ出版
文部省　1990　学校における教育相談の考え方・進め方　生徒指導資料集第21集
諸富祥彦　1997　カール・ロジャーズ入門―自分が"自分"になるということ　コスモ・ライブラリー
村山正治　1998　新しいスクールカウンセラー　ナカニシヤ出版
中山　巖　1992　教育相談の心理ハンドブック　北大路書房
仁田勝子　2000　カウンセリングマインドに関する文献研究　鳴門生徒指導研究, 第10号.
Rogers, C. R.　1942　*Counseling and psyachotherapy: New Concepts in practice*. Houghton Mifflin. 友田不二夫（訳）　1966　ロジャーズ全集2巻　カウンセリング　岩崎学術出版社
Rogers, C. R.　1945　*Significant aspects of client-centered therapy*. American. psychologist.　伊藤　博（編訳）　1966　ロジャーズ全集4巻　サイコセラピィの過程　クライエント中心療法の特質　岩崎学術出版社

引用参考文献 ●●●

Rogers, C. R. 1957 The Necessary and Sufficient Conditions of Therapeutic Personality Chang. In H. Kirschenbaum & V. L. Henderson(Eds.), 1989 *Carl Rogers Reader Constable.* 伊東 博・村山正治(訳) 2001 ロジャーズ選集上 カウンセラーなら一度は読んでおきたい厳選33論文 セラピーによるパーソナリティ変化の必要にして十分な条件 誠信書房

Rogers, C. R. 1959 A theory of therapy, personality, and interpersonal relationships, as developed in the client-centered framework. In S. Koch(Ed.), *Psychology:A study of a science.*Vol.3. Mcgraw-hill. 伊藤 博(編訳) 1967 ロジャーズ全集第8巻 パーソナリティ理論 クライエント中心療法の立場から発展したセラピー・パーソナリティ・対人関係の理論 岩崎学術出版社

Rogers, C. R. 1961 *On becoming a person.* 末武康弘・諸富祥彦・保坂 亨(訳) 2005 ロジャーズ主要著作集 3 ロジャーズが語る自己実現の道 岩崎学術出版社

Thorne, B. 1992 *Carl Rogers.* Sage publication. 諸富祥彦(監訳) 2003 カール・ロジャーズ 星雲社

酒井 朗 1997 "児童生徒理解"は心の理解でなければならない――戦後日本における指導観の変容とカウンセリング・マインド 今津孝次郎・樋田大二郎(編) 教育言説をどう読むか――教育を語ることばのしくみとはたらき 新曜社

武田慎一 1987 教師に期待される臨床心理学的視点 佐藤修策・藤土圭三(編) 現代教育臨床心理学要説 北大路書房

上地安昭 1999 カウンセリングマインド 鑪 幹八郎・一丸藤太郎・鈴木康之(編) 教育相談重要用語300の基礎知識 明治図書出版

氏原 寛 1997 カウンセリングの心 創元社

■第3章

相川 充・佐藤正二 2006 実践 ソーシャルスキル教育 中学校 図書文化

Blocher, D. H. 1966 *Developmental Counseling.* Ronald Press./神保信一・中西信夫(訳) 1972 開発的カウンセリング 国土社

平木典子 1993 アサーション・トレーニング――さわやかな〈自己表現〉のために 日本・精神技術研究所

片野智治 2004 構成的グループエンカウンターの目的 國分康孝・國分久子(総編集) 構成的グループエンカウンター事典 図書文化

小林正幸・相川 充(編集) 1999 ソーシャルスキル教育で子どもが変わる 小学校 図書文化

國分康孝 1988 育てるカウンセリング全書2 サイコエジュケーション 図書文化

國分康孝(編) 1990 カウンセリング辞典 誠信書房

國分康孝 1992 構成的グループ・エンカウンター 誠信書房

國分康孝(監修) 片野智治(編) 1996 エンカウンターで学級が変わる 中学校編 グループ体験を生かしたふれあいの学級づくり 図書文化

國分康孝(監修) 國分久子・片野智治(編) 1997 エンカウンターで学級が変わるpart2 中学校編 図書文化

國分康孝(監修) 1997 スクールカウンセリング事典 東京書籍

國分康孝(監修) 片野智治・岡田 弘・加勇田修士・吉田隆江・國分久子(編) 1999 エンカウンターで学級が変わる 高等学校編 図書文化

國分康孝(監修) 林 伸一・飯野哲朗・築瀬戸のり子・八巻寛治・國分久子(編) 1999 エンカウンターで学級が変わる ショートエクササイズ集 図書文化

窪内節子 1997 楽しく学ぶこころのワークブック 学術図書出版社

栗原慎二 2002 新しい学校教育相談の在り方と進め方――教育相談係の役割と活動 ほんの森出版

栗原慎二 2003 開発的カウンセリング実践する9つの方法――「待ち」の教育相談からの転換を ほんの森出版

諸富祥彦 1999 学校現場で使えるカウンセリング・テクニック 上 誠信書房

岡田 宏 1997 エクササイズ実践マニュアル 國分康孝(監修) 國分久子・片野智治(編) 1997 エンカウンターで学級が変わるpart2 中学校編 図書文化

Ree, S. & Graham, R. S. 1991 *Assertion Training: How to be who really are.* Routledge./高山 巖・吉牟田孝・吉牟田 直(訳) 1996 自己表現トレーニング――ありのままの自分を生きるために 岩崎学術出版社

斉藤 孝 2004 偏愛マップ――きらいな人がいなくなるコミュニケーション・メソッド NTT出版

佐藤正二・相川 充 2005 実践 ソーシャルスキル教育 小学校 図書文化

渡辺弥生 1996 ソーシャル・スキル・トレーニング 日本文化科学社

■第4章

Burns, D. D. 1980 *Feeling Good: The New Mood Therapy.* 野村総一郎・夏刈郁子・山岡功一・成瀬梨花(訳) 1991 いやな気分よ、さようなら 星和書店

Cooper, J. F. 1995 *A primer of Brief Psychotherapy.* W. W. Norton & Company. 岡本吉生(訳) 2001 ブリー

フ・セラピーの原則―実践応用のためのヒント集　金剛出版
Davis, T. E. & Osborn, C. J.　1995　*The Solution-Focused Approach for School Counselor. Shaping Professional Practice.* 市川千秋・宇田　光（編訳）　2001　学校を変えるカウンセリング　金剛出版
Dryden, W. & DiGiuseppe, R.　1990　*A Primer on Rational-Emotive Therapy.* 菅沼憲治（訳）　1997　実践論理療法入門―カウンセリングを学ぶ人のために　岩崎学術出版社
Goulding, M. M. & Goulding, R. L.　1978　*The Power is in the Patient: A Ta/Gestalt Approach to Psychotherapy.* 深沢道子（訳）1980　自己実現への再決断―TA・ゲシュタルト療法入門　星和書店
飯倉康郎　1999　強迫性障害の治療ガイド　二瓶社
石川　元　1990a　「家族」と治療する―私の家族療法を振り返る　未来社
石川　元　1990b　家族療法と行動療法　至文堂
河合隼雄　1967　ユング心理学入門　培風館
小林　司（編）　1993　カウンセリング事典　新曜社
前田重治　1985　図説　臨床精神分析学　誠信書房
日本学生相談学会（編）　1989　論理療法に学ぶ　川島書店
Sklare, G. B.　1997　*Brief counseling: That Works A Solution-Focused Approach for School Counseling.* Corwin Press. 市川千秋・宇田　光（編訳）　2000　ブリーフ学校カウンセリング　二瓶社
内山喜久雄　1988　講座サイコセラピー　第2巻　行動療法　日本文化科学社
内山喜久雄・高野清純・田畑治超　1984　講座サイコセラピー　第1巻　カウンセリング　日本文化科学社
氏原　寛・亀口憲治・成田善弘・東山紘久・山中康裕（編）　1992　心理臨床大事典　培風館
山上敏子　1990　行動療法　岩崎学術出版社
山上敏子　1997　行動療法2　岩崎学術出版社
山中康裕（監訳）　1999　新版　カルフ箱庭療法　誠信書房

■第5章
榎本博明・安藤寿康・堀毛一也　2009　パーソナリティ心理学―人間科学，自然科学，社会科学のクロスロード　有斐閣
菊池　聡・谷口高士・宮本博明（編著）　1995　不思議現象　なぜ信じるのか―こころの科学入門　北大路書房
宮本博明　1995　類型論と特性論　菊池　聡・谷口高士・宮本博明（編著）　不思議現象　なぜ信じるのか―こころの科学入門　北大路書房
水野邦夫　2006　パーソナリティのとらえ方　山内弘継・橋本　宰（監）岡山廣成・鈴木直人（編）　心理学概論　ナカニシヤ出版
小塩真司・中間玲子　2007　あなたとわたしはどう違う―パーソナリティ心理学入門講義　ナカニシヤ出版
山内弘継・橋本　宰（監）　岡山廣成・鈴木直人（編）　2006　心理学概論　ナカニシヤ出版

■第6章
東　洋　1969　知的行動とその発達　桂　広介・他（監）　児童心理学講座4　認識と思考　金子書房
Erikson, E. H. & Erikson, J. M.　1982　*The Life Cycle Completed.* W. W. Norton. 村瀬孝雄・近藤邦夫（訳）　1989　ライフサイクル，その完結　みすず書房
石崎一記　2004　発達を促す　桜井茂男（編）　楽しく学べる最新教育心理学―教職にかかわるすべての人に　図書文化社
三宅和夫　1981　発達　藤永　保・他（編）　新版心理学事典　平凡社
村田孝次　1990　児童心理学入門　培風館
二宮克美　1999　道徳性　中島義明・子安増生・繁桝算男・箱田裕司・安藤清志・坂野雄二・立花政夫（編）　心理学辞典　有斐閣
二宮克美　2007　生涯発達　二宮克美・大野木裕明・譲西　賢・浦上昌則・宮沢秀次　ガイドライン発達学習・教育相談・生徒指導　ナカニシヤ出版
二宮克美・大野期裕明・宮沢秀次（編）　2006　ガイドライン生涯発達心理学　ナカニシヤ出版
西平　直　1993　エリクソンの人間学　東京大学出版会
高木正幸　1950　遺伝と環境　脳研究，**8**, 84-89.
渡辺弥生・丹波洋子・篠田晴男・堀内ゆかり　2006　学校だからできる生徒指導・教育相談　北樹出版

■第7章
相澤雅文・清水貞夫・三浦光哉　2007　必携・特別支援教育コーディネーター　クリエイツかもがわ
中央教育審議会　2005　特別支援教育を推進するための制度の在り方について（答申）

引用参考文献

厚生労働省　2002　国際生活機能分類―国際障害分類改訂版（日本語版）の厚生労働省ホームページ掲載について　社会・援護局障害保健福祉部企画課
文部科学省　2004　児童生徒への教育支援体制の整備のためのガイドライン（試案）　東洋館出版社
日本LD学会（編）　上野一彦・中根　晃（責任編集）　1996　LDとは何か―基本的な理解のために　日本文化科学社
岡田　俊　2009　もしかして，うちの子，発達障害かも　PHP
大田昌孝　2006　発達障害　日本評論社
尾崎洋一郎・池田英俊・錦戸惠子・草野和子　2001　ADHD及びその周辺の子どもたち―特性に対する対応を考える　同成社
尾崎洋一郎・草野和子　2005　高機能自閉症・アスペルガー症候群及びその周辺の子どもたち―特性に対する対応を考える　同成社
清水康夫　2006　発達障害の早期発見と早期介入　大田昌孝（編）　発達障害　日本評論社
杉山登志郎　2009　子どもの発達障害と情緒障害　講談社
特別支援教育士資格認定協会（編）下司昌一・緒方明子・里見恵子・小西喜朗（責任編集）　2007　特別支援教育の理論と実践―特別支援教育士の役割・実践　金剛出版
内山登紀夫・水野　薫・吉田友子　2002　高機能自閉症・アスペルガー症候群入門―正しい理解と対応のために　中央法規
上野一彦・二上哲志・北脇三知也・牟田悦子・緒方明子　1996　LDとは―病状・原因・診断理解のために　学習研究社

■第8章

阿部　裕・大西　守・篠木　満・中村伸一（編）　1997　精神療法マニュアル　朝倉書店
傳田健三　2009　若者の「うつ」―「新型うつ病」とは何か　筑摩書房
Herman, J. L.　1992　Trauma and recovery. HarperCollins Publishers.　中井久夫（訳）　1996　心的外傷と回復　みすず書房
福西勇夫　2000　一般臨床の心の問題　診断マニュアル　メディカル・サイエンス・インターナショナル
金　吉晴　2001　心的トラウマの理解とケア　じほう
厚生労働省雇用均等・児童家庭局　2008a　子どもの心の診療医の専門研修テキスト　厚生労働省雇用均等・児童家庭局
厚生労働省雇用均等・児童家庭局　2008b　一般精神科医のための心の診療テキスト　厚生労働省雇用均等・児童家庭局
川瀬正裕・松本真理子・松本英夫　2006　心とかかわる臨床心理　第2版　ナカニシヤ出版
小此木啓吾・深津千賀子・大野　裕（編）　1998　心の臨床家のための精神医学ハンドブック　創元社
氏原　寛・亀口憲治・成田善弘・東山紘久・山中康裕（共編）　2004　心理臨床大辞典　改訂版　培風館

■第9章

日比裕泰　1986　動的家族描画法―家族画による人格理解　ナカニシヤ出版
皆藤　章　1994　風景構成法―その基礎と実践　誠信書房
河村茂雄　2006　学級づくりのためのQ-U入門　図書文化
Koch, C.　1952　The tre test. Verlag Hans Huber.　林　勝造・国吉政一・一谷　彊（訳）　1970　バウム・テスト　日本文化科学社
國分康孝（監修）　2008　カウンセリング心理学事典　誠信書房
松原達哉（編著）　2002　心理テスト法入門―基礎知識と技法習得のために　第4版　日本文化科学社
佐野勝男・槇田　仁　1972　精研式　文章完成テスト解説　新訂版　金子書房
外岡豊彦（編著）　1973　内田クレペリン精神検査・基礎テキスト　日本・精神技術研究所
東京大学医学部心療内科（編著）　1995　新版　エゴグラム・パターン　TEG（東大式エゴグラム）第2版による性格分析　金子書房
氏原　寛・亀口憲次・成田義弘・東山紘久・山中康裕（編）　1992　心理臨床大事典　培風館
八木俊夫　1987　YG性格検査―YGテストの実務応用的診断法　日本心理技術研究所

■第10章

岩間伸之　1999　援助を深める事例研究の報告　ミネルヴァ書房
土居健郎　1992　新訂　方法としての面接―臨床家のために　医学書院
河合隼雄・他　1977　臨床心理ケース研究―臨床心理学におけるケース研究　誠信書房

河合隼雄・他（編）　2001　特集事例研究　臨床心理学，Vol.1, No1　金剛出版
教育技法研究会　1989　教育訓練技法—28技法の効果的な使い方とモデルプログラム　経営書院
McWilliams, N.　1999　*Psychoanalytic Case Formulation.* Guilford Press.　成田善弘（監訳）　2008　ケースの見方・考え方—精神分析的ケースフォーミュレーション　創元社
見田宗介　1979　現代社会の社会意識　弘文堂
村瀬嘉代子　1952　臨床家の見る人間像　調研紀要，第42号　家庭裁判所調査官研修所
Rogers, C. R.　1961　*On becoming a person.* 末武康弘・諸富祥彦・保坂　亨（訳）　2005　ロジャーズ主要著作集3　ロジャーズが語る自己実現の道　岩崎学術出版社
鶴岡健一　1986　事例研究を10倍楽しむ方法　家調協雑誌，No.15　全国家庭裁判所調査官研究協議会
山本　力・鶴田和美　2001　心理臨床家のための「事例研究」の進め方　北大路書房

■第11章

花輪敏男　2009　教師が取り組む不登校　月刊生徒指導，**39**, 13.
平井信義　1980　登校拒否の経過　詫摩武俊・稲村　博（編）　登校拒否—どうしたら立ち直れるか　有斐閣
稲村　博　1994　不登校の研究　新曜社
石川　晋・石川　拓・高橋正一　2009　中1ギャップ　学事出版
小林正幸　1999　学校不適応問題にどうかかわるか—学校不適応と引きこもり　こころの科学，No87. 日本評論社
児島邦宏・佐野金吾（編）　2006　中1ギャップの克服プログラム　明治図書
国立教育政策研究所生徒指導センター　2004　生徒指導資料第2集　不登校の対応と学校の取り組みについて—小学校・中学校編
文部科学省　2015　平成26年度児童生徒の問題行動等生徒指導上の諸問題に関する調査
文部省　1998　登校拒否問題への取り組みについて
西　君子　1990　登校拒否の理解と学校対応　教育出版
小澤美代子　2003　上手な登校刺激の与え方　ほんの森出版
坂本昇一　1993　登校拒否のサインと心の居場所　小学館
千葉県子どもと親のサポートセンター　2002　総合センターにおける教育相談事例の傾向とその分析

■第12章

Hirschi, T.　1969　*Causes of Delinquency.* University of California Press.　森田洋司・清水新二（監訳）　1995　非行の原因—家庭・学校・社会のつながりを求めて　文化書房博文社
法務総合研究所　2009　犯罪白書　平成20年版　大蔵省印刷局
井上公大　1980　非行臨床—実践のための基礎理論　創元社
石川義博　1985　非行の病理と治療　金剛出版
Lawrence, R.　1998　*School Crime and Juvenile Justice.* Oxford University Press.　平野裕二（訳）　1999　学校犯罪と少年非行—アメリカの現場からの警告と提言　日本評論社
間庭充幸　2005　若者の犯罪—凶悪化は幻想か　世界思想社
大塚　仁　1975　刑法概論　有斐閣
Kvarnes, R. G., & Parloff, G. H.(Eds.)　1976　*A Harry Stack Sullivan Case Seminar: Treatment of a Young Male Schizophenic.* Norton.　中井久夫（訳）　2006　サリヴァンの精神科セミナー　みすず書房
佐々木　譲・石附　敦　1988　非行が語る親子関係　岩波書店

■第13章

朝日新聞社会部　1999　学級崩壊　朝日新聞社
河村茂雄　1999　学級崩壊に学ぶ—崩壊のメカニズムを絶つ教師の知識と技術　誠信書房
小林正幸　2001　学級再生　講談社
小島　宏　1998　授業崩壊　教育出版
小谷川元一　2007　教師と親の「共育」で防ぐ—いじめ・学級崩壊　大修館書店
松原達哉・塚田　亮　2001　学級崩壊指導の手引き　教育開発研究所
諸富祥彦　2000　学級崩壊再生のコツ　学習研究社
尾木直樹　1999　「学級崩壊」をどうみるか　日本放送出版協会
産経新聞社会部　2002　教育崩壊　角川書店

引用参考文献

■第14章
坂西友秀・岡本祐子（編著）　2004　いじめ・いじめられる青少年の心　北大路書房
秦　政春　2001　いじめ対応とその効果　森田洋司（監修）　いじめの国際比較―日本・イギリス・オランダ・ノルウェーの調査分析　金子書房
今津孝次郎　2005　いじめ問題の発生・展開と今後の課題　黎明書房
稲村　博　1986　いじめ問題―日本独特の背景とその対策　教育出版
小泉令三（編）　2006　図説　子どものための適応援助―生徒指導・教育相談・進路指導の基礎　北大路書房
楠　凡之　2007　加害者の子どもの心理―子どもたちが「いじめ」で表出しているものを考える　児童心理　特集「いじめ」と子どもの自殺　金子書房
毎日新聞社会部（編）　1995　総力取材　いじめ事件　毎日新聞社
宮崎活志　2007　「いじめ」と「自殺」の因果関係把握の難しさ―「笑顔」を装った「孤独と絶望」をどう見抜くか　児童心理, 61(5)　特集「いじめ」と子どもの自殺　金子書房
森口　朗　2007　いじめの構造　新曜社
森田洋司・清永賢二　1986　いじめ―教室の病い　金子書房
内藤朝雄　2001　いじめの社会理論―その生態学的秩序の生成と解体　柏書房
日本弁護士連合会　1995　いじめ問題ハンドブック　こうち書房
野田愛子（監修）　家庭問題情報センター　1995　子どもをいじめから救うために　日本評論社
岡本　薫　2006　日本を滅ぼす教育論議　講談社
Olweus, D.　1993　*Bullying at School: What we know and what we can do.*　Blackwell Publishing.　松井賚夫・角山剛・都築幸恵（訳）　1995　いじめ　こうすれば防げる―ノルウェーにおける成功例　川島書店
スミス, P. K.　2005　学校における「いじめ」研究―25年間の研究成果と到達点　土屋基規・スミス, P. K.・添田久美子・折出健二（編著）　いじめととりくんだ国々―日本と学校におけるいじめへの対応と施策　ミネルヴァ書房
スリー, P.　2005　オーストラリアの「いじめ」防止の取り組み―地域に基礎をおいた防止策の展開　土屋基規・スミス, P. K.・添田久美子・折出健二（編著）　いじめととりくんだ国々　日本と学校におけるいじめへの対応と施策　ミネルヴァ書房
立花正一　1995　「いじめられ体験」と精神障害　イマーゴ, Vol.6(2)　特集いじめの心理　青土社
武田さち子　2004　あなたは子どもの心と命を守れますか！　いじめ白書　自殺・殺人・傷害121人の心の叫び　WAVE出版
武田さち子　2007　現代の「いじめ」の傾向―犯罪化と携帯電話・インターネットによる「いじめ」　児童心理, 61(5)　特集「いじめ」と子どもの自殺　金子書房
滝　充　2001　国際比較調査研究の意義と今後の課題　森田洋司（監修）　いじめの国際比較―日本・イギリス・オランダ・ノルウェーの調査分析　金子書房
全国教育研究所連盟（編）　1986　新しい生徒指導の視座　ぎょうせい

■第15章
月刊生徒指導　2008　3月号　理不尽な要求を学校へ向ける親たちへの対応　学事出版
広田照幸　1999　日本人のしつけは衰退したか―「教育する家族」のゆくえ　講談社
黒丸正四郎・大段智亮　1982　患者の心理―患者の悩みの理解のために　創元社
小此木啓吾・狩野力八郎　1998　精神医学臨床における家族とのかかわり　小此木圭吾・深津千賀子・大野　裕（編）　1998　心の臨床家のための必携精神医学ハンドブック　創元社
崎尾英子　1992　かよいあいたい心たち―親と子が築く基本ルール　言叢社
佐々木　健　1998　子どもに教師の悪口を吹き込む親　児童心理, 52(15)　金子書房
総合教育技術　2007　困った！悩んだ！理不尽な保護者　2007, 10月号, 小学館
野外文化研究所　2002　平成13年度　野外文化教育に関する調査研究報告書　青少年交友協会
吉田圭吾　2007　教師のための教育相談面接　金子書房

■第16章
愛媛県総合教育センター（編）　2007　教育相談の充実のために
渕上克義　1995　学校が変わる心理学―学校改善のために　ナカニシヤ出版
石隈利紀・田村節子　2003　石隈・田村式援助シートによるチーム援助入門―学校心理学・実践編　図書文化
小玉有子　1994　学校カウンセラーと養護教諭の協力　松原達哉（編）　教職研修　実践ハンドブックNo.2　学校カウンセリングの考え方・進め方　教育開発研究所
小泉英二（編）　1995　学校教育相談・初級講座　学事出版
近藤邦夫　1994　教師と子どもの関係づくり　東京大学出版会

引用参考文献

尾崎　勝・西　君子　1996　授業に生きるカウンセリング・マインド　教育出版
佐古秀一　2005　学校改善と組織変革―学校の内発的改善力を高めるための組織改革　日本教育新聞社
高橋　廉　2000　教育における「ケア」と教職員の同僚性　教育，第50巻第10号　国土社

■第17章
ヘイズ, R. L.・高岡文子・ブラックマン, L.　2002　協働（コラボレーション）の意義―学校改革のための学校－大学間パートナーシップ　亀口憲治（編）　現代のエスプリ，第419号　至文堂
本田　靖　2008　教師とスクールカウンセラーとの同僚性構築に関する研究　愛媛大学大学院教育学研究科修士論文
亀口憲治　2002　コラボレーション―協働する臨床の知を求めて　現代のエスプリ，第419号　至文堂
文部科学省　1998　学校の「抱え込み」から開かれた「連携」へ
日本学校教育相談学会刊行図書編集委員会　2006　学校教育相談学ハンドブック　ほんの森出版
氏原　寛・村山正治　1988　今なぜスクールカウンセラーなのか　ミネルヴァ書房
鵜飼美昭　1995　教師とのコンサルテーション　岡堂哲雄・平尾美生子（編）　現代のエスプリ別冊　スクール・カウンセリング技法と実際　至文堂
八並光俊　2004　チーム援助のプロセス　日本学校心理学会（編）　学校心理学ハンドブック　教育出版
横湯園子　1997　カウンセリング・トレーニング―心の視点　青木書店

■第18章
新井　肇　2007　教師のバーンアウトの理解と援助　広島大学大学院心理臨床教育研究センター紀要　第6巻
新井　肇　2008　教師自身のメンタルヘルスのために　月刊生徒指導，2月号　学事出版
石川俊男　1990　ストレスの概念　河野友信・吾郷晋浩（編）　ストレス診断ハンドブック　メディカル・サイエンス・インターナショナル
河野友信・吾郷晋浩（編）　1990　ストレス診療ハンドブック　メディカル・サイエンス・インターナショナル
久保田浩也　2008　間違いだらけのメンタルヘルス　法研
栗野菊雄　1995　職場のメンタルヘルス・ノート　医歯薬出版
Maslach, C. & Jackson, S. E.　1981　The measurement of experienced burnout. *Journal of Occupation Behaviour,* 2.
永田頌史　1990　ストレスの病理　河野友信・吾郷晋浩（編）　ストレス診断ハンドブック　メディカル・サイエンス・インターナショナル
中島一憲　2000　教師のストレス総チェック―メンタルヘルス・ハンドブック　ぎょうせい
中島一憲　2001　教師と子どものメンタルヘルス―診察室からみた社会と教育　東山書房
中島一憲　2006　教師のメンタルヘルスQ&A　ぎょうせい
夏目　誠・中島一憲（監修）　2006　教職員のための新メンタルヘルス・ハンドブック　社会保険出版社（公立学校共済組合千葉支部）
大貫敬一・佐々木正宏　1998　適応と援助の心理学　培風館
塚本千秋　2005　職場ごとの学校教師の仕事の特性―教師のメンタルヘルス支援で知っておくべきこと　岡山大学教育実践センター紀要，第5巻
落合美貴子　2003　教師バーンアウト研究の展望　教育心理学研究，第51巻第3号
岡山県教育センター　2007　小学校教職員のメンタルヘルスに関する実証的研究　岡山県教育センター研究紀要，280号
佐藤　学　1994　教師文化の構造　稲垣忠彦・久富善之（編）　日本の教師文化　東京大学出版会
田上不二夫・山本淳子・田中輝美　2004　教師のメンタルヘルスに関する研究とその課題　教育心理学年報第43集

●コラム①　キャリア教育
中央教育審議会　2011　今後の学校におけるキャリア教育・職業教育の在り方について（平成23年1月31日）（答申）
文部科学省　2004　キャリア教育の推進に関する総合的調査研究協力者会議
文部科学省　2011　中学校キャリア教育の手引き（平成23年3月）

引用参考文献 ●●●

●コラム② カウンセリングと心理療法
American Psychologist Association　1981　*American Psychologist,* **36**, 16-17.
Super, D. E.　1951　*Journal of Counseling Psychology,* **2**, 3-9.
渡辺三枝子　2002　新版　カウンセリング心理学　ナカニシヤ出版

●コラム③ 学校のなかの人権
後藤田　誠・中坂恵美子　2008　人権入門　法律文化社
日高六郎(監修)　1997　国際化時代の人権入門　明石書店

●コラム④ 青年期の面接
氏原　寛・他(編)　1993　心理面接のノウハウ　誠信書房

●コラム⑤ 児童虐待
川﨑二三彦　2006　児童虐待　岩波書店
厚生労働省　2016　児童福祉法等の一部を改正する法律（平成28年法律第63号）の概要
厚生労働省　2016　児童虐待防止対策について
厚生労働省　2017　児童虐待の定義と現状
文部科学省　2006　研修教材「児童虐待防止と学校」
上野加代子　1996　児童虐待の社会学　世界思想社

●コラム⑥ 小4問題と17歳問題
Blos, P.　1962　*On adolescence: a psychoanalytic interpretation.* New York: Free Press. 野沢栄司(訳)　1971　青年期の精神医学　誠信書房

●コラム⑦ 少年事件の取り扱い
守山　正・後藤弘子(編著)　2008　ビギナーズ少年法　成文堂

●コラム⑧ DVについて
Walker, L. E.　1984　*The Battered Woman Syndrome.* Spring Publishing. 斉藤　学(監訳)　1996　バタード・ウーマン　金剛出版

事項索引

●あ
ILO（国際労働機関）　199
ICIDH　70
ICF　70
ICD-10　70, 79
アイデンティティ（自我同一性）　66
アサーション　27
アサーション・トレーニング　27
アサーティブ　27
アスペルガー症候群　74, 75
アセスメント　90, 106, 178
アメリカ心理学会　22

●い
生きる力　12
意見表明権　56
いじめ
　——といたずら，ふざけ　152
　——とけんか　152
　——と犯罪　153
　——の観衆　153
　——の教育相談　156
　——の兆候　154
　——の定義　151
　——の分類　150
　——の傍観者　153
　——の4層構造説　153
いじめている子ども　159
　——の保護者との教育相談　161
　——への教育相談　159
いじめ防止プログラム　156
いじめられている子ども　157
　——の保護者との教育相談　161
　——への教育相談　157
委託　190
一致性　17
遺伝説　58
イメージ　43
いま，ここ　134
イラショナル・ビリーフ　39
インシデント・プロセス法　102

インストラクション　26
陰性症状　80

●う
WISC　93
WISC-Ⅲ　93
WPPSY　93
WAIS　93
ウェクスラー式知能検査　93
内田－クレペリン精神作業検査　98
うつ病　81

●え
A-B-C理論　38
エクササイズ　25
エゴグラム　36, 94
エス　32
SCT（文章完成法）　96
SUD（主観的障害単位）　37
エディプス・コンプレックス　65
エンカウンター　24

●お
大河内清輝君事件　149
親子関係診断テスト　95

●か
外向型　50
外向性　33
外傷後ストレス障害（PTSD）　84
外傷後ストレス反応　84
ガイダンス　5
開発的カウンセリング　23, 24
開発的教育相談　3
快楽原則　32
カウンセラー　195
カウンセラーの態度条件　16
カウンセリング心理学　22
カウンセリングと心理療法との関係　22
カウンセリング・マインド　18, 179
学習障害（LD）　77

211

事項索引

過食　82
家族画法　98
家族支援　164
家族療法　40
価値の条件　14
学級社会的距離尺度　92
学級担任　178
学級崩壊　140
学校
　──の環境整備　120
　──のなかの人権　56
学校基本調査　112
学校教育相談　2
学校恐怖症　112
学校緊急支援チーム　188
学校ストレス　120
家庭裁判所　139
家庭と非行　130
家庭訪問　117
仮面うつ病　81
感覚運動期　63
環境閾値説　58
環境説　58
関係機関
　──との協働　186
　──との連携　186
観察法　90
緘黙症（場面緘黙・選択的緘黙）　87

●き

危機　66
気質　48
絆　129, 131, 166
気分障害　81
キャリア　12
キャリア教育　12
休職者　197
Q-U　99
凶悪化　127
教育相談　2, 3, 7
　──の仕事　2
　──の種類　2
　──の内容　2
　狭義の──　2
　広義の──　2

　消極的な──　3
　積極的（な）──　3, 180
　発達障害に関する──　72
教育相談係
　──の役割　194
　コーディネーターとしての──　194
共感　16
共感的理解　16
教師
　──の行う相談活動　176
　──のストレス　199
教師カウンセリング　180
教師期待効果　5
教職　198
強迫行為　37
強迫性障害　83
拒食　82
均衡化　63
緊張論　128

●く

具体的操作期　64
ぐ犯少年　139

●け

形式的操作期　64
系統的脱感作法　36
ゲスフーテスト　92
検察官送致　139
現実原則　32

●こ

高機能自閉症　75
構成的グループ・エンカウンター（SGE）　24, 180
構造分析　35
構造論　32
行動療法　36
広汎性発達障害（PDD）　74
交友関係と非行　131
交流分析　35
コーディネーター　195
国際疾病分類（ICD）　70
個人情報　142
個性　56

個性化　34
子ども
　——のうつ状態　81
　——のうつ病　81
　——の権利条約　56
困った保護者への対応　170
コラボレーション　192
コンサルタント　195
コンサルテーション　191

●さ

再登校
　——したとき　120
　——の準備の時期　120
作業検査法　98
作品法　90

●し

シェアリング　26
ジェノグラム　104, 108
シェマ　63
自我　32
鹿川裕史君葬式ごっこ事件　149
自己実現　3, 6, 14, 34, 178
自己受容　25
自己と経験の不一致　14
自己表現　25
自己理解　6, 25
支持的精神療法　21
自傷行為　86
システム　40
自他発見　24
質問紙法　93
児童期　60
児童虐待　89
自動思考　39
児童自立支援施設　139
児童相談所　139
自閉症　74
自閉症スペクトラム（ASD）　75
社会恐怖　83
社会的コントロール理論　129
社会的な絆（social bond）　129
社会福祉士　187
社会防衛　137

十分に機能している人間　14
授業　179
主訴　104
守秘義務　92
受容　17
純粋性　17
小1プロブレム　122
障害　69
小学生のスキル　29
症状の意味　32
情緒障害　78
少年院送致　139
少年鑑別所　139
少年事件の取り扱い　139
触法少年　139
自律訓練法　37
事例（case）　101
事例研究　101, 190
人格　48
新型うつ病　82
神経症　33
神経性大食症　82
神経性無食欲症　82
人権　27, 56, 92, 142, 149, 156
人権学習　156
人権教育　56
心身症　86
審判不開始　139
信頼性　90
心理アセスメント　90
心理教育　179
心理－社会的発達理論　65
心理－性的発達理論　65

●す

スーパーバイズ　182
スキーマ　39
スクールカウンセラー　187, 188, 190
スクールカウンセリング　189
スクールソーシャルワーカー　187
ストーリー　104, 106
ストレス　199
ストレッサー　199

事項索引

●せ
性格　48
精神科コンサルテーション　80
成人期　61
精神病　79
精神分析　32
精神保健福祉士　187
生徒指導　3, 7
青年期　60, 68
　　——女子との面接　68
　　——男子との面接　68
　　——の面接　68
世界保健機構（WHO）　70
摂食障害　82
セラピストの役割　13
前操作期　64
前兆期　118
全般性不安障害　83

●そ
躁うつ気質　49
躁うつ病　81
双極Ⅰ型障害　81
双極性障害　81
双極Ⅱ型障害　81
相互作用説　58
操作　63
躁病　81
相補的関係　9
ソーシャルスキル教育（SSE）　29
ソーシャル・スキル・トレーニング（SST）　29
疎結合システム　184
ソシオメトリックテスト　92
育てるカウンセリング　23, 176, 180
ソリューション・フォーカスト・アプローチ　41

●た
怠学　112
退行　33
対象喪失　108
対称的関係　8
対処行動（coping）　200
タイプ論　33
他者理解　25

妥当性　91
WHO国際障害分類（ICIDH）　70
ダブル・ロール（二重役割）　10
単一要因説　58
単極性障害　81

●ち
地域　174
チーム援助のプロセス　194
チック障害　85
知能テスト　92
注意欠陥／多動性障害（AD/HD）　76
中1ギャップ　113
中核論　7
中退　130
　　——と非行　131
長期化した時期　119
超自我　32
調節　63
直感　106
治療・矯正的教育相談　4

●つ
通状況的一貫性　54

●て
TAT（主題統覚検査）　96
DSM-Ⅳ-TR　70, 79
デートDV　175
テストバッテリー　92
転移　33

●と
投影　33
投影法テスト　96
同化　63
登校拒否　112
登校刺激　116
統合失調症　80
東大式エゴグラム　94
動的家族描画法（KFD）　98
道徳性発達理論　64
特殊教育　72
特性
　共通——　51

214

個別―― 51
　　根源―― 52
　　表面―― 52
特性論　51
特別支援教育　71, 72
　　狭義の―― 73
　　広義の―― 73
ドメスティック・バイオレンス（DV）　175
ドリフト（漂流）理論　128

●な
内向型　50
内向性　33
名前　56

●に
二重関係　10
日内変動　81
乳児期　60
人間－状況論争　54
認知行動療法　39
認知的構え（スキーマ）　39
認知のゆがみ　39, 40
認知発達理論　63

●ね
ネグレクト　89
粘着気質　49

●は
パーソナリティ　48
パーソナリティ相互作用論　54
パーソナリティ変化の条件　15
バーンアウト（燃え尽き）　198, 199
バウム・テスト（樹木画テスト）　97
暴露反応妨害法　37
箱庭療法　42
発達　57
発達加速現象　61
発達課題　61
発達障害　69
発達障害者支援法　69
発達段階　60
発達の連続性－非連続性論争　60
パニック障害　83

反抗期　9
犯罪　126
犯罪少年　139
犯罪白書　127
反省的専門家　192
反動形成　33

●ひ
P-Fスタディ（絵画欲求不満テスト）　96
P.E.A.C.Eパック　156
ピース・メソッド　156
PTA　173
PTSD（外傷後ストレス傷害）　84
非行　108, 126
　　――原因論　128
　　――の把握法　132
　　――の面接法　135
ビッグ・ファイブ（5因子説）　54
ビネー式知能検査　93
病的不安　83
広場恐怖　83

●ふ
不安　83
不安階層表　37
不安障害　83
フィードバック　91
風景構成法　97
複雑性PTSD（Complex PTSD）　85
輻輳説　58
不処分　139
父性原理　8
不登校　107, 112, 113
　　――の経過　118
　　――のタイプ　114
フラッシュバック　84
ブリーフ・セラピー（短期療法）　41
プロモーター　195
文化的逸脱理論　128
分裂気質　49
分裂生成　9

事項索引

●へ
偏愛マップ　30

●ほ
保育所保育指針　123
防衛機制　33
保健室　119, 121, 182
保健室登校　121
保護観察　139
保護者　163
保護者面接の留意点　166
保護主義　137
ポストトラウマチック・プレイ　84
母性原理　8

●ま
マネージャー　195

●み
ミニクリニックモデル　6

●む
無条件の肯定的関心　17

●め
メタの立場　10
面接法　90
メンタルヘルス　197

●も
喪の作業　108
モンスターペアレント　170
問題行動　2-4, 108, 146, 176, 196

●や
役割分担論　7

休み始めた時期　119
矢田部－ギルフォード性格検査（Y-Gテスト）　93

●よ
養育態度　95
養護教諭　183
幼児期　60
幼稚園教育要領　123
抑圧　33
欲求不満　159
予防的教育相談　4, 130

●ら
来談者中心カウンセリング　13, 14
ラショナル・ビリーフ　39
ラベリング　5

●り
リソース　193
リーファー　182
両輪論　7
臨床心理学　22
臨床心理士　114, 187

●る
類型論　49

●れ
連携　72, 101, 120, 123, 146, 154, 166, 172, 174, 177, 184, 193

●ろ
ロールシャッハテスト　96
論理行動療法（論理療法）　38

人 名 索 引

●A
阿部　裕　21
相川　充　29, 30
相澤雅文　70
Allport, G. W.　51
東　豊　44

●B
馬場譲一　43
Bateson, G.　9
Berne, E.　35, 94
Binet, A.　93
Blocher, D. H.　23
Burns, D. D.　40
Butler, G.　44

●C
Cattell, R. B.　51
Chandler, M. J.　59
Cooper, J. F.　41

●D
傳田健三　82
土居健郎　106, 108
Dusay, J.　94

●E
Ellis, A.　38
Erikson, E. H.　63, 65
Erickson, M. H.　41
Eysenck, H. J.　52

●F
Freud, S.　32, 63, 65
渕上克義　184
福島　章　43

●G
Goulding, M. M.　44
Graham, R. S.　28
Guilford, J. P.　93

●H
花輪敏男　117
秦　政春　162
Havighurst, R. J.　61
林　延哉　5
Hayes, R. L.　192
Herman, J. L.　85
平木典子　27, 28
広田照幸　163
Hirschi, T.　129, 130
保坂　亨　18

●I
今井五郎　19
稲村　博　115, 157
井上和臣　44
井上公大　127, 135, 136
石川　元　40, 41
石川　晋　123
石川義博　126, 134
石隈利紀　184
石附　敦　136

●J
Jensen, A. R.　58
神保信一　20
Johnson, A. M.　112
Joines, V.　44
Jung, C. G.　33, 50

●K
門田光司　19
Kalff, D.　42
亀口憲治　192
狩野力八郎　164-166
葛西真記子　43
片野智治　24
河合隼雄　8, 34, 42, 43, 45, 101
河村茂雄　99, 141
川﨑二三彦　89
北島貞一　6

217

人名索引

清永賢二　153
小林正幸　29, 30, 121, 143
小林　司　38
Koch, K.　97
小玉有子　183
Kohlberg, L.　63, 64
小泉英二　18, 176
小島　宏　142
児島邦宏　123
國分康孝　7, 23, 24, 180
近藤邦夫　5, 182
Kretschmer, E.　49
久保田浩也　199
栗原慎二　6, 7, 24
栗野菊雄　201
草野和子　74
楠　凡之　159, 160
Kvarnes, R. G.　132

●L
Lawrence, R.　130
Luxenburger, H.　58

●M
松原達哉　20, 91, 143, 144
松山公一　43
Matza, D.　128
McWilliams, N.　106, 107
Means, D.　15-17
Mischel, W.　52
宮城音弥　43
三宅和夫　57
宮崎活志　154
Moreno, J. L.　92
森口　朗　154
森田洋司　153
諸富祥彦　14
村瀬嘉代子　10, 11, 106
村田孝次　63
村山正治　19, 187

●N
中井久夫　97
中島一憲　197, 199
中間玲子　19

中村雄二郎　45
中西信男　43
中山　巖　3, 20
内藤朝雄　153
二宮克美　64
西　君子　179
仁田勝二　18

●O
尾木直樹　140
岡田　宏　25
岡田　俊　69, 74, 77
小此木啓吾　43, 164-166
Olweus, D.　151, 155-157, 159
大野精一　7, 10
大野　裕　44
大貫敬一　201
大塚　仁　126
小塩真司　55
尾崎　勝　179
尾崎洋一郎　74, 76
小澤美代子　116, 118

●P
Parloff, G. H.　132
Piaget, J.　61, 63

●R
Ree, S.　28
Rogers, C. R.　5, 13, 14, 16, 17, 101, 181
Rosenzweig, S.　96

●S
斉藤　孝　30
酒井　朗　19
崎尾英子　9
Sameloff, A. J.　59
佐野金吾　123
佐々木正宏　201
佐々木雄二　44
佐々木　譲　136
佐藤悦子　9
佐藤正二　29
Schultz, J. H.　37
Sheldon, W. H.　50

218

清水康雄　69
Simon, T.　93
Sklare, G. B.　41, 44
Smith, P. K.　151, 162
Spranger, E.　50
Stern, W.　58
Stewart, I.　44
菅野　純　18
杉田峰康　44
杉山登志郎　69, 78
Super, D. E.　22

●T
立花正一　158
立木康介　43
高橋　廉　184
武田さち子　150, 157
武田慎一　18
滝　充　156
田村節子　184
Thorne, B.　13, 15-17
塚田　亮　143, 144

鶴田和美　103

●U
内山登紀夫　76
上地安昭　18
上野加代子　89
上野一彦　77
氏原　寛　19, 68, 187
鵜飼美昭　191

●W
Walker, L. E.　175
渡辺弥生　30
Wechsler, D.　93

●Y
山上敏子　36
山本　力　103
八並光俊　194
横湯園子　189
吉田圭吾　167

執筆者一覧【執筆順】

藤井　　泰	編者，第1章	
石川正一郎	編者，第1章〜第4章，第7章〜第15章，第18章，コラム1〜8	
西原　勝則	新居浜市立中萩小学校校長	
	第3章・第7章	
中尾　　綾	松山大学非常勤講師，臨床心理士　第8章	
松尾浩一郎	福山市立大学教育学部教授　第5章・第6章	
芝　　　毅	松山市立和気小学校校長　第13章	
忽那　仁美	松山市立荏原小学校教頭　第11章・第15章	
本田　　靖	松山市立清水小学校教諭，学校カウンセラー　第16章・第17章	
渡邉　　俊	愛媛県総合教育センター教育相談室研究主事　第18章	

■ 編者紹介

石川　正一郎（いしかわ・しょういちろう）

　　1948年　香川県に生まれる
　　2004年　東北大学大学院教育学研究科博士課程前期修了
　　現　在　元 松山大学教授，放送大学愛媛学習センター客員教授　修士（教育学），臨床心理士
〈主著・論文〉
　　ぐ犯保護事件の調査について（最高裁判所家庭局指定研究）（共著）　法曹会　1989年
　　新人類と非行　『少年補導』385号〜396号　1988〜1989年
　　シンナー乱用少年に対する共同箱庭の事例　『箱庭療法学研究第』5巻2号　1992年
　　わいせつ事件の研究（最高裁判所家庭裁判所調査官研究所指定研究）（共著）　『調研所報』第34号　1997年
　　地域社会における教師の仕事と生活（共著）　松山大学総合研究所　2009年
　　カウンセリング論入門　創風社出版　2014年

藤井　　泰（ふじい・やすし）

　　1954年　山口県に生まれる
　　1981年　広島大学大学院教育学研究科博士課程後期中退
　　現　在　元 松山大学教授　博士（教育学）
〈主著・論文〉
　　各国の性教育と薬物教育（共著）　東信堂　1988年
　　イギリス中等教育制度史研究　風間書房　1995年
　　世界の学校（共著）　学事出版　2006年
　　ライフヒストリーの教育学（共訳）　昭和堂　2006年
　　世界の生徒指導事情—イギリス：生徒指導の概念と仕組み『月刊生徒指導』2006年6月号

エッセンス学校教育相談心理学

| 2010年3月31日　初版第1刷発行 | 定価はカバーに表示 |
| 2023年5月20日　初版第11刷発行 | してあります。 |

編　著　者　　石　川　正一郎
　　　　　　　藤　井　　　泰
発　行　所　　㈱北大路書房
〒603-8303　京都市北区紫野十二坊町12-8
　　　　　電　話　(075) 431-0361代
　　　　　Ｆ Ａ Ｘ　(075) 431-9393
　　　　　振　替　01050-4-2083

Ⓒ2010　制作／ラインアート日向・華洲屋　印刷・製本／㈱太洋社
検印省略　落丁・乱丁本はお取り替えいたします。

ISBN978-4-7628-2712-9　　Printed in Japan

・[JCOPY]〈㈳出版者著作権管理機構 委託出版物〉
本書の無断複写は著作権法上での例外を除き禁じられています。
複写される場合は，そのつど事前に，㈳出版者著作権管理機構
（電話 03-5244-5088, FAX 03-5244-5089, e-mail: info@jcopy.or.jp）
の許諾を得てください。